プロローグ

「ちーちゃん!! ちーちゃんだよね? 全然変わってないね」

38年ぶりに会った小学校の同級生は、僕に笑顔でこう言った。僕は人生を変えるために、過去を捨てる努力をしてきた。それなのに全然変わっていないって?

僕の名前は名取寛人。女性として生まれ、性別適合手術を受けて男性になった。

これまで誰かとどんなに仲良くなって、信頼関係を築けても、僕は相手から尋ねられるまで「このこと」を話したことがない。なぜなら、あえて話す必要がなかったからだ。

僕の48年間の人生は、幸運なことに人間関係に恵まれ、やりたいと思ったことはすべてやってきた。ニューヨークでダンサーになる夢を叶え、世界中で認められている「男性だけ」のトロカデロ・デ・モンテカルロバレエ団のメンバーとして舞台に立った。そして今は、バレエスタジオの経営者で、バレエの講師をやっている。

夢を叶えて、思い通りに生きてきた僕だけれど、「このこと」が常に心に引っかかっていた。

そこで僕はこの本を書くことで「ありのままの自分」

をさらけ出して生きていこうと決意したのだ。

「何を今さら…」と言う人もいるだろう。でも、僕はこのタイミングで、この本を通じて、カミングアウトすると決めたのだ。友人達にもあえて説明するより、この形で知ってもらうことが一番自然だと思う。

本を書くことにしたのは、もう一つ理由がある。

「人と異なる」と思って（思い込んで）、苦しんでいる人達に向けて、「そんなに悩まなくていいんだよ」と言いたいのだ。

そして、年齢や性別など、あらゆるハンディキャップがあって、何かを諦めようとしている人には、僕自身の経験から「夢は叶えられる」と伝えたい。

この本が、あらゆる人達とナチュラルにわかり合える、心がバリアフリーな社会を築くための一助になればと強く願っている。

もくじ

2	プロローグ
8	宇宙人の誕生
10	小学校ではずっと半ズボン
12	憧れの存在はお兄ちゃん
14	少年のような少女時代
16	夢はサーカス！
18	「やっぱり女の子だけ集められるんだ」
20	自分を呼ぶ時は「僕？」「私？」
22	「いい女の子」「女の子なんだから」と言われたくない
26	中学校の制服はジャージ
28	器械体操部に入部 − レオタードは嫌だ！！
30	ファースト・キス？＆モテモテの先輩
34	生理が来た！
36	リア充な毎日
38	将来は女子プロ？
42	体操の特待生で高校へ
44	ホームシックで大泣き
46	初めての挫折と反抗期

48	先生への反抗
50	女性を受け入れる努力
52	男の子と初の交際!?
54	高校時代の恋愛と家出事件
56	どっちにも当てはまらない自分（オレガミス学園!?）
58	悩みは日記に
62	インターハイへの夢が破れる
64	アクションスターを夢見てJACへ
66	水商売の世界へ
68	「やっぱり踊りたい!」ショーパブの世界へ
72	これが男の世界?
74	大人の恋愛
78	再びダンサーに
82	オネエの先輩に囲まれて
84	ニューヨークへ行くことを決意
86	胸の手術
88	ニューヨーク生活がスタート
90	バレエとの出会い

92	恩師との出会い
96	ホームシックと男としての暮らし
98	トロカデロ・デ・モンテカルロバレエ団に入りたい
100	オーディションに合格！ そして恩師との別れ
104	トロカデロ・デ・モンテカルロバレエ団に入団
106	最初のツアー
108	僕以外、全員が男でそして…
110	英語がわからない！
112	人生初のイジメ
116	メンバーみんながエンターテイナー
118	日本人ダンサーとして
120	舞台の魅力
124	人生最大のピンチ！
126	性別適合手術を受けることを決意
130	性別適合手術で男性に
134	トイレの話
136	戸籍もパスポートも「男」に
138	トロカデロ・デ・モンテカルロバレエ団を退団

140	日本帰国後は"浦島太郎"状態に
144	男になったけれど
146	熊本でのワークショップ
150	バレエクラスで教える
154	カミーノ巡礼の旅へ
158	Hiroto's showはみんなが主役
160	結婚と家庭
162	新しいドア〜マイスタジオをオープン〜
166	自分だけの夢を追う
168	本当の「ありのままの自分」って？
170	自分のために言葉を紡ぐ
172	自分にとって都合の良い見方をする
174	「どうせ」を「じゃあ」に変えた人生
178	今とこれからの世代のために
180	これからは「頑張らない」を頑張る
182	今後の夢
184	第二幕がスタート！
186	あとがき

宇宙人の誕生

　1968年10月12日の早朝、名取家の長女として産まれた僕は、千帆と名付けられた。
　幼い頃に両親が離婚して、5歳上の兄とともに、母に育てられた。母が父親代わり、おばあちゃんが母親代わりだった。
　ちなみにおばあちゃんは離婚した父の母。離婚後も母とおばあちゃんはとても仲が良くて、一緒に暮らしていた。

　母は美容師ということもあり、おしゃれ好きだったので、女の子が産まれたことを喜んだそうだ。僕は物心がつくまで、母手作りの女の子らしい可愛い服を着ていた。
　そんな僕がハッキリと自己主張したのは3歳の時。七五三のお宮参りでは髪を2つに結ばれ、着物を着たようだが、「嫌だ！　嫌だ！」の大暴れだったそうだ。
　ショートカットだったこともあり、男の子に間違われることも多かったと聞いたことがある。
　今思えば、母は女の子のまま、そのまま成長してほしかったのだろう。
　現在の僕がこんなに自由に生きていることを思えば、

あの頃くらいは、母に「女の子」を楽しませてあげれば良かったかな？　と思わないでもない。

僕は当たり前のようにスカートをはかされて、見た目は女の子。その一方で喧嘩も強く、男の子を相手にしても負けなかった。男勝りな女の子だったのだ。

「お兄ちゃんはいつもおばあちゃんの手を離さない子で、車が来ると壁に貼り付いてたんだよ。でもお前は手をつないだことなんてなくて、車が来ても車に向かって走っていくような子だった。いつもハラハラさせられたよぉ〜」とおばあちゃんはよく言っていた。

お転婆もじゃじゃ馬も超えてしまった女の子は、母やおばあちゃんからすれば心配事が多くて、気が気ではなかったらしい。

「宇宙人を育てているくらいの感覚だった」と当時を振り返って、母がそうこぼしていたくらいだ。

小学校ではずっと半ズボン

　小学校に入学すると、男の子か女の子かで、嫌でも分けられることになる。今の小学校がどうなのか、詳しいことはわからないが、僕の時代はそうだった。
　まず直面したのが、ランドセルだ。
　最近はいろいろな色のランドセルがあるし、生徒全員が同じ黒のランドセルという学校もある。電車に乗っていると黒のランドセルを背負っている女の子もたくさんいる。
　でも、僕の時代には今のように色のバリエーションがなかった。多分、黒か赤しかなかったと思う。だから、僕が通っていた公立の小学校の生徒は男の子が黒、女の子が赤のランドセルだった。
　当然のように母は僕に赤のランドセルを買ってくれた。もし、「どっちの色がいい？」と母に尋ねられていたら、迷うことなく黒を選んでいただろう。赤のランドセルは嫌だった。なぜ黒じゃないのかと思ったが、赤いランドセルを背負って通学した。
　その次に嫌だったのが、学校で並ばせられる列だ。「どうして男と女で分かれなくちゃいけないんだろう」と思っていた。背の高さだけで並べばいいのに。そんな風に

考えていたような気がする。
　でも、当時の僕は面倒なことになると「まっ、いっか」と小さなことを気にしない、よくいうとおおらか、悪くいえば雑な子どもだった。

　そんな僕が、きっぱりと主張して選ぶことができたのが洋服だ。母の用意したピンクや赤の洋服は着なくなり、スカートもはかなくなった。
　夏だけでなく、冬も半ズボン。一年を通じてずっと半ズボンだった。しかも兄のお下がり。なぜなら、男の子と女の子では微妙にデザインが違う。女の子用の半ズボンをはきたくなくて、普通だったら嫌がるお下がりが良かったのだ。
　これで見た目は、ランドセル以外、他の男の子と一緒になって嬉しかった。そうやって子どもながらに自分を主張していたのだと思う。

憧れの存在はお兄ちゃん

　父のいない僕にとって、身近にいた唯一の男の人は5歳年上の兄だ。そんな兄は僕にとって憧れの存在でもあった。仮面ライダーやウルトラマンに憧れていたのも、兄の影響が大きかったと思う。

　僕が幼稚園の時に、兄は小学校の高学年。年齢が離れているせいか、幼稚園くらいの頃は遊んでもらえなかった。僕は兄に遊んでほしくて、よく兄の後ろを追いかけていた。

　ある日、僕は棒を手に持ち、いつものように兄を追いかけていた。ところが事件が起こってしまう。

　転んでしまい、手にしていた棒が僕の口に刺さってしまったのだ。おそらく相当痛かったと思うし、その時のビジュアルを想像するとエグいけれど、その棒を兄が抜いてくれた。

　こんな事件がまた起こったら大変だと思ったのだろう。その後、兄は僕も一緒に遊びに連れていってくれるようになった。

　小学校の低学年までは、よく一緒に遊んでいた。兄が近所の子達と遊んでいる中に、僕も交ぜてもらっていた

のだ。

　でも兄にとって、僕の存在は少し疎ましかったみたいだ。なぜなら僕が生まれてから、家の中での兄の天下が終わったからだ。

　それぞれの家で、きょうだい間にしかないオリジナルのケンカのスタイルや意地悪があるものだ。

　僕も兄からくだらない意地悪をされて、よくビィビィ泣いていたそうだ。僕の分のケーキに唾をつけられる、という意地悪をされて、毎回泣いていたらしい。

　仲が悪いというわけではないけれど、家の中での喧嘩はずっと続き、兄が中学校に進学した頃には一緒に遊ぶことは減った。

　僕は自分の友達と遊ぶようになり、運動神経が良かったため、近所の子ども達の中でガキ大将的な存在だった。

　この頃の僕はガキ大将になりたかったのだ。実際にそうだったわけだが、意味合いが違う。女の子のガキ大将ではなく、男の子のガキ大将。それが僕の理想だった。

少年のような少女時代

赤のランドセルを背負っていたけれど、少女らしい思い出はなく、僕に少女時代はなかった。自分は男の子なんだと信じていたのだ。

遊ぶ相手は女の子ではなく、男の子ばかり。当然のように、女の子が好きな人形には見向きもしなかった。

僕は毎日のように外で遊んだ。その頃好きだったのは、動物や昆虫。当時は捨て犬も多く、家で飼えなかった僕は空き地に段ボールで基地を作り、食料を持っていった。それでも数日後には保健所のおじさんに見つかって連れていかれ、大泣きしたこともあった。

カブトムシがいる森林は匂いでもわかったくらいだ。蝶々を追いかけていたら迷子になって、保護されたこともあったっけ。

学校から帰ると、ランドセルを家に放り投げて行ったのが近所の沼。ザリガニ捕りの名手でもあった。夢中になって、家に帰る頃は真っ暗になってしまって、よく母から叱られた。頭から足の先まで泥だらけになって帰るので、冬でも外で身体を洗ってからでないと家の中に入れてもらえなかった。

喧嘩もよくしたし、強かった。ガキ大将だった僕は、

友達からは「大将」「ちーちゃん」と呼ばれていた。千帆だから「ちーちゃん」。女の子だから、「ちゃん」だったわけではなかったと思う。僕自身、男の子の友達のことも「よっちゃん」と呼んでいたから。

家族からは「ちー」と呼ばれていた。その頃の僕は千帆という名前については、ラッキーだと思っていた。なぜなら、僕の時代には、女の子は「子」のつく名前がとても多かったから。「子」がついてないだけ、良かったというわけだ。

この頃から「女」という言葉には敏感だった。友達に言われて嫌だったのは、「女のくせに」。喧嘩して僕が優位に立つと、男の子からは必ずこう言われていた。僕は「お前は男のくせに負けてるじゃないか」と言いたかった。

そういえば、男の子からは「男みたいな女」という意味で「オトコオンナ」と言われたこともあったな。今の時代はこんな風には言わないのかもしれない。

夢はサーカス！

　小学2年生の時に、僕の生まれ育った埼玉県・鴻巣市に初めてサーカスがやってきた。なかでもオートバイサーカスは僕にとって憧れの演目だった。オートバイに乗って、10メートルくらいある筒状の壁を真横になりながらくるくると走る。両手を離して運転しているその先には、アシスタントの女の人が逆立ちをして手をつないでいる。
　「はっ！」と声をかけて、決めポーズの後、運転している男の人は、その女の人を抱き寄せて、ポーズ。とにかく格好良かった!!
　そして、空中ブランコを見た時は、何の根拠もなく、「僕にも絶対にできる」と思ってしまったのだ。
　「サーカスに入りたい！」と僕はしつこく言い続けた。あまりにしつこい僕に、翌日おばあちゃんが、プラスチックのパイプにロープを通す穴をあけ、お手製のブランコを作ってくれた。それを、近くの神社のブランコ台に括り付ければ、空中ブランコの出来上がりだ。
　僕と男の子、女の子2人がそれぞれペアになって交代で楽しんだ。僕の運動神経は人並み以上に優れていたから、難しい技にもチャレンジした。

ところがある日、いつものようにその空中ブランコで遊んでいたら、怪我をしてしまった。顔を思いきり地面にこすり、鼻の穴がふくれるほど砂が入ったうえ、顔面血だらけに！　それはそれは、恐ろしい顔だった、と後で母からその様子を聞かされた。

　母は変わり果てた僕の顔を見て、ショックのあまり目眩を起こして、倒れそうになったらしい。「女の子なんだから」「顔に傷をつけちゃダメ！」としかられた。おばあちゃんも母から「そんなものを作って」としかられたらしい。

　それでも僕の「サーカスに入りたい！」という夢は変わらなかったから、それから数週間、母もおばあちゃんも毎日困っていたのは言うまでもない。

　数週間後、突然サーカス小屋がなくなり、動物達もオートバイサーカスの壁も何もかもがなくなっていた。

　生まれて初めての僕の夢は、一瞬にして消えてしまったのだ。

「やっぱり女の子だけ集められるんだ」

　３年生になる頃には、僕の運動神経はさらに飛び抜けていた。「全校縄跳び大会」では２重跳びだけではなく、クロス２重跳び、４重跳び、５重跳びができ、名人の座についた。

　高学年になると器械体操クラブに入り、外の鉄棒では蹴上がりはもちろん、大車輪という中学生の男子並みの技を練習した。

　砂場でもバク転、バク宙などは当たり前にでき、体育館ではバク転の連続で往復できたほどだった。僕のバク転往復技は学校中で有名な話だった。

　器械体操を始めたことで、僕の度を越えた「お転婆」は一種の技術へと変わっていったのだ。

　そんな僕にも、性的な意味で「女」を意識せざるを得ない時期が訪れる。

　小学５年生の時、林間学校の前に女の子だけ集められた。「やっぱり女だけ集められるんだ」と思ったし、なんだか嫌だった。

　生理について説明を受けたが、僕は意味をあまり理解していなかった。当時、自分の身体に女性らしい変化は

なかったし、「まったく別世界の話」くらいに思っていた。

だから、生理になった子は大変だなと思っていた。女の子同士でそういう会話もしなかったと記憶している。

むしろ、「自分には生理は来ないかもしれない。そういう可能性もあるかもね」くらいに思っていた。

当時の僕が、恋心らしきものを抱いた相手は女の子。6年生の時、可愛いと思っていた子が転校することになった。小学生だったから、女の自分が女の子を好きになることはおかしい、ということまでは考えていなかった。

その頃は、いつか自分は特別なことが起きて女じゃなくなるかも、という可能性を信じていたのだと思う。

兄の影響で音楽の流行りにも敏感だった僕は、その子に自分の好きな歌だけを録音した、オリジナルのテープをプレゼントした。

自分を呼ぶ時は「僕?」「私?」

　小学校までは、自分が女であることに不都合を感じたり、真剣に悩んだりすることはなかったが、戸惑うことはあった。

　それは、会話で自分を指す時だ。

　「私」とも「僕」とも言えなくて、自分のことを「ちゃん」と呼んでいた。

　「私はね〜」ならば、「ちゃんはね〜」といった風に。高学年くらいまで、家の中でも外でもそう言っていた。

　高学年になったら、「ちゃん」から「ん」へと変わった。自分のことを指す時は「ん」。

　友達との普段の会話で「〜しろよ」という男言葉の僕が、「私」と言えるはずがない。おそらく、なんと呼べばいいのか、わからなくなってしまった結果、「ん」になったのだと思う。

　でも、低学年の頃と違って、家の中以外で自分のことを「ん」と言うのは無理があった。

　そんな僕にアドバイスをしてくれたのが、小学6年生の時に担任だった男の先生だ。

　ある日、友達と一緒にいたずらをして先生に怒られてしまった。

そして、先生から何をしたのか質問された。

他の子は「僕は〜」と言っているのに、僕は自分のことを「ん」としか言えなかった。怒られている時に相当気まずいシチュエーションだ。

すると先生は、「何を言ってるんだ」などと僕を咎めることはなく、「自分のことを『自分』って呼んでもいいんだよ」と言ってくれた。

この時のことは今でも鮮明に覚えている。それから僕は、自分のことを「自分」と言うようになった。

ランドセルや男女別の列と違って、呼び方には他にも選択肢がある。そのことを教えてくれた先生にはとても感謝している。

その後、「英語はいいな」と思うことが何度もあった。英語は「僕」か「私」ではなく、自分を指す時はすべて「I」だからだ。

小さいことのように思えるかもしれないが、その頃の僕にとっては大きな問題だった。

「いい女の子」「女の子なんだから」と言われたくない

「自分のことを『自分』って呼んでもいいんだよ」
僕にそう言ってくれた先生は、母にこんなことを言ったそうだ。
「名取さんは活発で、サッパリしている。いい女の子の育て方ですね。どうしたらそんな育て方ができるんですか?」
「先生に褒められるなんて初めて」と母は喜んでいた。でも、僕の本音を言えば、「いい女の子」と言われたことがカチンときた。「いい女の子」じゃなくて、「いい子」だと言われたかった。
先生は純粋に僕のことを「いい」と思って、母を褒めてくれたのだと思う。でも僕は、褒めてくれるのはいいけれど、「男」「女」の性別で分けてほしくなかったのだ。
幼い頃からことあるごとに、母からは「女の子なんだから」と叱られた。そして常々「女の子なんだから、顔に傷をつけちゃダメ」とも言われた。でも僕は、そう言われると、「なんで?」と思っていた。
褒められる時もそうだ。家事を手伝ったり、優しくしたりした時に、「やっぱりそういうところが女の子だよね」とよく母は言った。

そう言われると、「そっか、ガサツな方がいいんだ」と思って、母には悪いけれど、もう優しくしたくなくなってしまう。

「男の子らしいね」と言われることがしたかったかというと、そういうわけではない。僕はただ僕なだけで、「女の子だから」という言葉には違和感しかなかったのだ。

とはいえ、僕にとって小学校は楽しかった。僕と同じ性同一性障害の友人は、小学6年生の時かなり嫌な思いをしている。

当時、男の子の格好をしていたというその友人は、担任の女の先生に呼び出され、「女の子の格好をして持ち物も女用に揃えなければ、修学旅行に連れていかない」と言われたそうだ。

自分の通った小学校ではそんなことを言う先生はいなかった。恵まれた環境だったと思う。

一枚しかない父親との写真

仮面ライダーの雪だるま!

ウルトラマンが好きだった

大好きな母と。幼稚園の運動会にて

中学校の制服はジャージ

中学生になると避けられないのが制服だ。僕が通っていた中学校の制服は女子がブレザーとプリーツスカート、男子が学ランだった。

制服が何パターンかあればいいのに。もしくは、ユニセックスな制服だったらいいのに、と今は思う。そして、選ばせてもらえるなら、学ランを選びたかった。

でも、当時の僕に与えられた選択肢は一つ。スカートをはかなくてはならなかったのだ。

そこで僕は、自分だけのオリジナルの制服を考えた。それはジャージだ。学校で指定されているジャージならばいいのではないかと思ったのだ。

朝礼がある時以外は、自転車通学している友人「まる」に荷物を載せてもらって、ジャージを着て走りながら通学した。授業中もずっとジャージだ。

制服は畳んで持参していて、全校集会、入学式や卒業式などの式典の際には、我慢して着ていた。

僕が入学した当時、ジャージは男女で色が違った。それが嫌だったが、中2から校則が変わって、男女別から学年別になり、男女一緒に。その時は「よし！」と思った。

僕以外にジャージを着ている生徒はいなかった。校内

でジャージ姿なのは、僕一人だけ。中学校の3年間、式典がある時以外、僕は授業中もジャージをずっと着続けた。

　今思えば不思議な気もするが、先生から制服を着るよう言われたことはなかったし、ジャージの着用について注意されたこともなかった。

　むしろ、先生公認と言ってもいいくらいだ。校門の前で服装チェックしている先生に、毎日到着時間を計ってもらっていた。「名取、今日は2分遅かったぞ！」という感じだ。

　その後、後輩達が真似をするようになり、彼女達の代からは制服の代わりにジャージを着ることは禁止になったと聞いた。僕はギリギリセーフだったのだ。

器械体操部に入部ーレオタードは嫌だ！！

　入学時からすでに、器械体操部、陸上部、バレー部の先輩から入部の誘いの声がかかっていた。僕の運動神経が優れているという噂を聞きつけていたらしい。

　その頃の夢はアクションスターになることだったので、何の迷いもなく器械体操部に入部。

　先輩はたったの4人だった。新入生の僕らは8人くらいいたかな。

　入部してすぐ、1年生の僕は大会に抜擢され、着慣れないレオタードを着た。恥ずかしかったのは覚えているが、その時の僕は男とか女とか、意識をすることなく、純粋に体操が好きだったのだ。

　2年になった僕は少し胸が膨らんできていたこともあり、母から言われてブラを着けるようになった。

　そして胸が大きくなると、レオタードを着ることがとても嫌になった。

　普段の練習はジャージだが、大会に出場するとレオタードを着なくてはならない。それが嫌で、大会に出たくなかったくらいだ。

　ぴっちりしたレオタードを着るのは苦痛でしかなかっ

た。人の視線が気になるから嫌なのではなく、「レオタードを着ている自分」が嫌いだからだ。

　それでも、レオタードを着ないわけにはいかない。「自分さえ意識しなければ。みんな女だと思ってるんだから」と自分に言いきかせていた。「これが普通、普通なんだから」と。自分さえ受け入れればいいんだと、自分をなだめていた。

　自分が部長になってからは、器械体操部でジャージを作った。自分なりに考えて、制服以外のチョイスの幅を広げたのだ。

　私服もジャージ。当時高校生だった兄が着ていたジャージを真似したのだ。ジャージといっても学校のジャージと違って、スポーツメーカーのおしゃれなタイプで、僕のお気に入りだった。

　その後、何十年間にもわたって、ジャージ自体が僕の私服として大活躍している。

ファースト・キス？＆モテモテの先輩

　僕は、当たり前のように女の子を好きになっていた。というよりは、気になる人はいつも女の子だった。
　中学2年になって、僕は気に入っていたバレー部の同級生の子と仲良くなった。その子は誰に対しても開けっ広げで、相手が男の子でも女の子でも態度を変えることがなかった。そんなさっぱりした性格の良さにひかれた。
　でも、仲良くなればなるほど、彼女からは酷な質問が増える。「名取はどんな男の子がタイプ？　誰か好きな人はいるの？」
　変なヤツだと思われないために、僕は適当な男の子の名前を言った。ところが、彼女は「その子とくっつけてあげる」なんて言い出すから、それでなくても切ない初恋がさらに切なくなった。
　…が、僕は彼女に「キスの練習がしたい」と申し出てしまった。彼女は普通に「いいよ」と言った。
　2時間目が終わった休み時間、屋上の前の階段で待ち合わせした。向かい合って、「手を貸して」と彼女の手に触れるところまではできるのだが、そこから先に進めない。
　3時間目の授業が始まるチャイムが鳴る。次の休み時

間もその次も、同じことのくり返しだった。
　結局キスができたのは、翌日の休み時間だった。ただし、手の甲に…。社交ダンスのパーティか‼　白馬の王子か‼
　彼女とはそれきりで終わったけれど、そんな純粋で可愛い時代はきっと誰にでもあるように思う。

　中学２年になると、後輩ができる。バレンタインのチョコは20個以上もらった。家の前には、雪に埋まっているプレゼントもあったかな。
　中学時代の僕は、とにかくモテた。そんなことを平気で言えてしまうところが僕の特権だ。
　女子からだけでなく、なぜか男子からも…。10分の休み時間でさえ、グラウンドでバレーボールをやって遊ぶほど、とにかくアクティブだった僕を毎日、窓から見つめている男の子。「なに見てるんだよ、気持ち悪いだろ！」なんて言っていた。

　男女問わずモテていた僕だったが、最初の恋愛では好きな後輩の女の子に告白できなくて悩んだ。女の僕が彼

女に告白して、「変な人」と思われたくなかったのだ。

だから英語でラブレターを書いた。「もし自分が男だったら、あなたのことが好き」。そんな文章だった。今思うと遠回しだけれど、好きな女の子から変だと思われないために、そういう前おきを自分なりに考えたのだろう。

そして、「Not like , I love you」と書いた。Like じゃなくて love だと伝えたかったのだ。

彼女が受け入れてくれて、僕たちは付き合い始めた。手紙の交換や交換日記、電話で話して、一緒に夏祭りへ行った。そんな淡い付き合いだった。

彼女は僕のことを「男の先輩」と見ていたようだ。手紙では僕のことを「ちほくん」と呼んでいた。僕は僕で、あえて意識はしてなかったけど、普通に女の人を好きになったから好き。そういう感じだった。

最初の告白がうまくいったことで、どんどん自信をつけた僕は、相手に何も言わなくても大丈夫だと思うようになった。

中学時代に付き合った相手はトータルで3、4人くらい。告白するのも、「気に入ってるんだけどさ」くらいの感じだった。大人の恋愛と違って、「好き」とか「付き合う」のは、もっとカジュアルなものだととらえていたのかもしれない。

　最初の恋以降、僕は一般的にいうところの「チャラ男」だった。でも、許された。それは僕が普通の男ではなかったから。そして、自分でもそれがわかっていたのだと思う。

　校内でただ一人ジャージを着ていた僕は、目立つ生徒だった。僕の中で、人気者の意識はますます強くなった。当時の僕は「人気者＝少しませてる」というイメージを抱いていたので、かなり背伸びをしていた。

　部活以外での友達は、サバサバしたつっぱり系のいわゆるグレていた子が多かった。僕もサバサバしていたから気が合ったんだと思う。一緒に遊ぶ子はそういう子達だった。

生理が来た!

中学2年のある日の朝、それは突然来た。僕が生理になる日が来るなんて、思ってもいなかった。
「神様、ふざけんなよ!!」心の底からそう思った。そんな僕の気持ちとは関係なく、母は生理が来たことを喜び、おばあちゃんはお赤飯を炊いてくれた。

生理が来てから1週間、僕は学校を休んだ。コタツにうずくまって、寝ていた。母は「大変だったんだから。落ち込んでずっと寝てたんだよ」と言う。

でも、実は生理が来た時の細かい記憶はない。人は本当に嫌だったことを忘れるというが、その通りだと思う。あまりに嫌な出来事で、覚えているのは、ナプキンを見て、「こんなものをつけるのか」と思ったことだけ。

母によると、生理の時はずっとメソメソしていたそうだ。ナプキンの取り換え方がわからなくて、トイレの前にぽーっと突っ立っていたらしい。全然覚えようとしなかった僕に、毎回、母が教えてくれた。

この頃の僕は、女子トイレへ行くことに抵抗がなかったわけではないけれど、当たり前だと思っていた。でも、ナプキンを入れたポーチを持って、トイレに行くことだ

けは絶対に耐えられなかった。
　だから生理の間は、ジャージの下に短パンをはいていた。短パンのポケットにナプキンを入れていたのだ。今思うと、ジャージに形がくっきりと浮かんで、他の人にはわかっていたと思うけれど。

　僕の生理は不順で2カ月に1度くらい。毎回のように「もう来ないかも。やっぱり、何かの間違いだったのか…。あっ、やっぱり来た…。神様のバカヤロー！」と、期待しては裏切られ、の繰り返しだった。
　そんな僕の思いとは裏腹に、母は生理が来たんだから、これで少しは女の子らしくなるに違いないと期待していたようだ。
　ところが、後に母の希望はむなしくも裏切られることになる。

リア充な毎日

　恋愛しながら、部長の僕は部活にも打ち込んだ。新入生のための部活紹介では、アクロバットをとにかく披露して、体操部の楽しさをアピールした。

　そうしたら、20人を切る部員数で部室もない体操部が、なんと50人を超える大所帯になってしまった。それでも練習スペースは変わらなかったので、後輩達は声をかけながら見ているだけの時間が多かった。

　試合では他校の生徒との交流もあった。レオタードを着ていたから、もちろん見た目は女の子だ。でも僕は他校の生徒からサインを頼まれたり、一緒に写真を撮ってほしいと言われたりすることが何度かあった。

　レオタードを着ていてそうだったから、「あ、これでもいいんだ」と思っていた。もしかしたら、今よりもその頃の方が素直だったのかもしれない。ありのままだったかもしれないとも思う。

　修学旅行や体育祭では、男子から学ランを借りて着るなどして、楽しんでいた。修学旅行では、当時大人気だったトシちゃん（田原俊彦さん）の真似もしてたな。

　この頃の僕は、人気者の立場を楽しんでいた。そして、部活に夢中になって、悩まないようにしていた。生理の

ことも、自分が女だということについても。

　部活は地区大会では必ず個人優勝。といっても、5校しかなかったのでたいしたことはなかったのだが。

　県大会では見事に完敗してしまったが、ジャンプ力が人並み以上だった僕は、跳馬だけは県で18位となり、関東大会に出場。残念なことに、それ以上の成績は残せなかった。

　母に自分の性別について嫌だとか、悩んでいると打ち明けたりはしなかった。でも、おそらく母は僕が普通の女の子とは何か違うと思っていただろう。

　部屋に置いていた後輩からたくさんもらっていたラブレターのような手紙を、母に見られたこともあった。

　ただ、中学校の段階では、母は確信まではしていなかったと思う。

将来は女子プロ？

中学時代の僕のヘアスタイルは、トップを短くして立たせたショートヘア。後輩達は「名取先輩カット」と呼んでいた。母親が美容師だったから、後輩の女の子が美容室にやってきて「名取先輩カットにしてください」とオーダーしていたらしい。

先生にも友達にも恵まれた僕は、中学時代を謳歌した。それでも時には、「僕は男じゃないんだ。女の子を好きになることはおかしいんだ」とお先真っ暗な絶望的な気分になることもあった。

でも、この広い世の中にはこんな男もいるのかもしれない。いつか男になってるかもしれない。何の根拠もないのに、ありえないことを考えて自分に言いきかせ、部活に没頭した3年間だった。

でも、性同一性障害の人は中学時代に悩むことが少なくない。今は言わないのかもしれないが、「男は男らしく、女は女らしく」というのは教育の一環だった。

僕の友人は中学生の時、女なのに髪の毛が短すぎると言われたそうだ。でも、生徒手帳には短すぎるのはいけ

ないとは書いてないと友人は反発。角刈りにして剃り込み（！）まで入れたらしい。そうしたら、親からそんな頭だったら、どこにも連れていけないと言われたのだとか。

　僕はあまりにも周りに恵まれていたから、こうした経験はない。角刈りにした友達は高校卒業後、女子プロレスに入った。

　実は僕も、中学校の時、女子プロの道に進むことを考えなかったわけではない。女子プロに入ったら、女でも男っぽくいられると思ったからだ。

　プロレスがしたかったわけではなく、自分らしくいられる将来の選択肢として、女子プロしか思いつかなかったのだ。

　この頃から自分の将来は、妻や母ではなく、おじさんになることが当たり前だと思っていた。こんなに髪の毛が薄いおじさんになるとは、もちろん想像していなかったけどね！

授業中もジャージ。中学にて

中学の修学旅行。一緒に撮ってと頼まれて(右側が僕)

高校2年。修学旅行にて（帽子をかぶっているのが僕）

親元を離れ、初めての一人暮らしの部屋で

体操の特待生で高校へ

　僕はいくつかの高校から、器械体操で推薦入学の誘いを受けていた。当時、女子器械体操の名門だった私立高校に入学金、授業料免除というスポーツ特待生として入学した。
　その学校は家から2時間半かかる場所にあったため、高校入学と同時に学校の近くのアパートを借りて、一人暮らしをしなければならなかった。
　高校を選ぶ時、母は「近くの学校でもいいんじゃない？」と言ったけれど、僕は専門的に体操をやりたかったのだ。一人暮らしに抵抗がなかったわけではないが、それよりも体操を極めたいと思っていた。

　高校の制服は、ブレザーにネクタイ、プリーツスカート。中学校では頑なにジャージで過ごしたが、高校では諦めてスカートをはいた。
　楽しくて自由だった中学時代と比べると、すべてを奪われた気がした。でも、後輩達から見れば、僕は体操のエリートコースを選んだ希望の星だったのだ。周囲の期待に応えたかったし、見栄もあったのかもしれない。
　卒業の時、同級生や後輩達に、まるで東京にでも行く

かのように「この街を出る」みたいな感じで格好つけてたけど、もっともっと田舎へ行くことになるとは…。

　高校入学とともに、1日5時間の器械体操の練習と一人暮らしが始まった。誰もいない真っ暗なアパートに帰って、一人で食事を作って食べる毎日。慣れない生活に戸惑いを感じていた。

　1学期はクラスが楽しかったから、まだ良かった。中学時代と同じように、体育会系の僕の周りには、何故か不良が集まってきた。不良達は自分に素直で面白くて、先生にも媚びたりしないし、優しい人が多かった。

　でも、そんな仲間達は僕が必死に体操の練習をしていた夏休みに何かをしでかしたらしく、2学期が始まると、高校を退学になっていた。

ホームシックで大泣き

　仲の良かった不良の友達がいなくなり、なんだかいろいろな寂しさに襲われた。自分の無力さや幼さ…。今思うと反抗期だったのかもしれない。一人暮らしだった僕は、その思いをどこにもぶつけられずにいた。

　夜遅くまで練習した後、真っ暗な部屋に自分で鍵を開けて入ると、そこには誰もいない。数カ月前までは母やおばあちゃんが待っている家に「ただいま！」と帰っていたのに。この急な変化がとてもつらくなってしまった。

　しかも、部活のために減量生活が当たり前。体重が増えると宙返りの高さが変わり、着地する時、怪我のリスクが高くなるからだ。育ちざかりなのにお腹いっぱい食べることもできず、僕は寂しさにとらわれるようになっていった。

　でも、これは自分で選んだ道。寂しさと葛藤しつつも、そう自分に言い聞かせながら、押入れの中に入って、布団に顔を押し当てて大声で泣いていた。

　そんな僕を支えてくれたのが、星野富弘さんの言葉だった。

　当時、アパートの隣には担任の先生が住んでいた。先生は僕が泣いていたことに気づいていたらしい。泣きは

らした目をしている僕に1冊の本をくれた。

　それは、星野富弘さんの『愛、深き淵より。』という本だ。体育教師だった星野さんは体操のクラブ活動の指導中、頸髄を損傷し、手足の自由を失ってしまう。本に描かれているのは、彼が口にくわえた筆で描いた花々の絵と詩。

　僕が特に深く感銘を受けたのは次の詩だ。

　　黒い土に根を張り
　　　どぶ水を吸って
　　　　なぜ、きれいに咲けるのだろう
　　　私は大勢の人の愛の中にいて
　　　　なぜみにくいことばかり考えるのだろう(※)

　現実を受け入れるために悩み、苦しみもがく気持ちがにじみ出ている言葉、そして美しい絵。16歳ながら感動して泣いてしまった記憶がある。

※出典:『新版　愛、深き淵より。』星野富弘(学研プラス)

初めての挫折と反抗期

　しばらくホームシックだった僕は、ある日爆発した。学校へ行かなくなり、家に引きこもってしまったのだ。そして、とにかく毎日、食べ続けた。
　週に1度アパートを訪れて、洗濯や買い物をしてくれていた母は、学校を休んでいる僕と数日間一緒にいてくれた。実家にも帰りたくなかったが、母の仕事のこともあり、一時的に実家へ帰った。
　この時の僕は、すべてが嫌になっていた。大好きだった体操も、運動神経が自慢だった自分のことも。何もかもが嫌だった。僕の人生での初めての挫折。そして、反抗期真っただ中だった。
　自宅に帰った僕は、家族に思っていることをすべて吐き出した。そんな僕に母は優しい言葉をかけるでもなく、こう言った。
「たかが体操だろ！　たった16年しか生きてないお前にはまだ知らない世界がたくさんあるんだ。今、やりたいことをとにかく一生懸命にやってみてから言え！」
　僕の反抗期は母から叱られて、たったの2週間で終了した。
　僕のやりたいことは、体操しかなかった。その後はま

た一人暮らしに戻り、減量生活がスタートした。

　身長が160センチくらいだった僕のベスト体重は、43〜44キロくらい。2週間、練習をさぼっていた僕はあっという間に8キロほど増えてしまっていたのだ。

　体操競技は体重と筋力のバランスが大切。空中で2回宙返りして着地する際には、自分の体重を足で支える。体重が軽い方が物理的に有利なのだ。

　僕は決して背が高い方ではないが、それでもこの世界では不利な身長だった。その分減量をしなければ負担が大きかったのだ。

　理想体重になるまで、平行棒にもぶらさがれない。バク転もさせてもらえない。なぜなら、怪我をしてしまうから。それでなくても怪我と隣り合わせの競技だ。

　体重を元に戻すために行ったダイエットは過酷だった。毎日、練習前に6枚ものウェアを着て走り、温室に入る。体重は朝の練習前、昼の練習前、夜の練習前の計3回量った。

　僕は1週間で体重を元に戻した。

先生への反抗

2年生になり、練習に打ち込む日々が続いた。ダブル宙返りの練習で首から落ちて脳しんとう。段違い平行棒ではいつも股関節にアザ。手のひらは、いつも豆だらけだった。

中学時代の部活での僕は常に中心的な存在で、先生からも一目置かれていた。でも、高校ではそううまくはいかなかった。

器械体操部には体操が得意なエリートが集まっている。特待生には入学当時、ABCの3種類があり、ランク分けされていた。僕の年の器械体操部の特待生は3人で、僕ともう一人がA。もう一人、背の低い子がBだった。入部以来、彼女は良い結果を残してはいなかったが、顧問の男の先生がガンガン推し始めて、ポーンと伸びた。

ちょっと生意気で、おしゃれもしたかった僕とは正反対のタイプで、彼女は素朴で体操オンリー。素直で真面目な彼女が伸びるのは当然かもしれないと思う一方で、僕は諦めも感じた。なぜなら、先生の彼女に対する接し方がえこひいきにしか見えなかったからだ。

しかも、先生のその子に対する可愛がり方に違和感があったのだ。生徒というだけではなく、異性に対する特

別な思い入れが感じられるような…。

　先生がその子を見る目が、何とも気持ち悪かったのだ。そのせいか、男性としての先生に、生まれて初めて異性としての嫌悪感を抱いた。

　そんな先生に僕は反抗し、何度も「体操をやめたいんです」と直訴。言いに行く度、先生から「何を考えているんだ！」としかられ、ボコボコに殴られて顔に青タンができた。

　今だったら大問題だけれど、当時、先生の体罰は当たり前のことだったのだ。

　そして、中学時代までずっと先生から好かれていた僕にとって、先生に好かれないというのも初めてだった。それでも後輩や同級生とは仲が良かったから、なんとか部活を続けることができたのだと思う。

女性を受け入れる努力

　高校生になれば、当然ながら中学生の時より精神的にも肉体的にも成長する。おしゃれのしかたも男女で変わってくる。
　その頃の僕は、自分が「男」なのか「女」なのかを決めたくなかった。いや、どちらに当てはまるのか、自分でもわからなかった。そして、どちらにも当てはまらないことも嫌だった。

　そこで僕は、むしろ女性を受け入れる努力をするようになった。生理が来なくなることはなかったし、諦めの気持ちもあったと思う。
　高校には、中学の時の後輩もいなければ、付き合ったことのある女の子もいない。友達と駅で会うこともないし、今までの僕を知っている人は誰もいないのだ。じゃあ試しに女らしくやってみたらいいんじゃないか、と考えたのだ。
　中学校の時は嫌でたまらなかった部活でのレオタードも、高校では開き直って着ていた。自分は体操の選手で、これはユニフォームだから着ているだけ。そんなふうに考えていたのだ。

もちろん、制服はスカートよりも男子用の制服の方がしっくりきたし、選ぶことが許されるならば、スカートは選ばなかったけれど。
　当時の私服のファッションのバリエーションは、ジャージがメイン。ジャージは20着くらい、トレーナーは10着くらい持っていたと思う。
　ヘアスタイルもショートカットだったし、見た目は中学時代から変わっていない。ただ、心の中では中学時代ほど性別のことで悩んでいなかったのだ。
　悩むことを避けていたのかもしれない。だから僕は、あえて体操を選んでやっていたのだろう。体操に没頭していれば、考えなくてすむ。僕にとっての高校時代は、「悩まなくてもいい」と自分自身に与えた猶予期間だったのかもしれない。
　普通の女子みたいに、男子を好きになってみればいいんじゃないかな、とまで思った。

男の子と初の交際!?

　実家から離れた高校に入り、それまでの自分を知っている人がいない環境になったこともあり、同じ特待生で入った男の子と交際まではいかないまでも、手紙のやり取りをしてみた。女の子ではなく、男の子とそういう関係になったのは初めてのことだった。

　というのも、ちょうどその頃、女の子しか好きになれない自分は異常なのかもしれないとか、母親を悲しませたくないなどと思うことがあった。そして、もしかしたら自分は、小・中学校時代に周りの女の子達からチヤホヤされていたからそんな風に思っていただけで、実は男の子も好きになれるかもしれないと考えたのだ。

　けれど、手紙をやり取りする間に、相手から「好きだ」的な文章が書かれていると、変な感じがした。

　部活の悩みを相談したり、お互いを励ましたりするような内容はいいのだけれど、「支えになりたい」といったような男っぽさを相手が出してくると「は!?」としか思えなかったのだ。

　相手に対して「好き」という感情は持てないし、ウキウキもしない。そのことに気づいてしまった。

　野球部の先輩から「付き合ってほしい」と言われたこ

ともあった。人から好かれるのはまんざらでもないけど、ジロジロ見られて、すごく腹が立った。

当時大人気だった漫画『タッチ』を読んでも、僕が感情移入するのは浅倉南じゃなく上杉達也。何を読んでも感情移入するのは男性の方だった。

「友達になりたい」という感情はあったとしても、僕にとっての恋愛対象は男の子ではないのだ。

好きになった女の子がいたら、その子が付き合っている相手を「どんな男なんだろう？」とチェックしたりしていた。そういう意味では、男の子にも少し憧れていたのかもしれないとは思う。

「もしかしたらこれが恋心なのかな？」と思ったこともあった。でも「好きなのか？ 嫌いなのか？」と自問自答すると、別に男の子が好きなわけではなく、付き合いたいとも思っていないことがわかってきた。

周りの友達は、恋愛の話で盛り上がったりしていた。でも僕は、友達には自分の恋愛については話さなかった。

大人になってから、当時の友達には「気がつかなくてごめんね」と言われた。

高校時代の恋愛と家出事件

2年になってからは、何人か仲の良くなった後輩がいて、その中の一人といつしか付き合うようになった。

そういう相手に対しては「これって恋?」と思っていた。そしてキスをして、自分がそういう意味で関係を進められる相手は女の人なんだとわかった。

日曜日の午前中だけは部活の練習がなかったから、彼女がアパートに遊びに来たこともあった。

大恋愛もした。おまけに家出まで!

合同練習した福島の高校に通っていた1歳年下の女の子と文通していた僕は、彼女に対して恋心を抱くようになった。

そして、福島に転校したくなったのだ。その子の存在に加えて、部活でいい結果が出なかった僕は、福島ではある程度のレベルになれると思ったのだ。そういうズルい自分が芽生え始めた時期でもあった。

一人暮らしが苦痛になっていて、えこひいきする顧問の先生が嫌いだったし、部活も含め、自分の置かれている状況がすごく嫌で逃げたかった。いろんなことが重なったのだと思う。

そこである日、部活を休んで電車でキセルして、福島の郡山まで4時間半くらいかけて彼女に会いに行ったのだ。

彼女とは駅の中で会って話していたのだが、話題は好きな歌の話など、たわいもないことだった。

そうしたら、キセルで捕まってしまい、親が呼ばれる羽目に。泣きながら「転校したい」と訴える僕を、母は「何が気に入らないんだ」と叱った。その後、3カ月くらいは2回目の反抗期だったと記憶している。

兄も珍しく口を挟んできて、泣きながら僕を殴った。初めてそういう甘えたことを親に言ったし、この家出はちょっとした事件だったかな。

福島の彼女も、先輩か後輩かで態度を変えたりしない、誰にでも公平な姿勢が魅力的だった。思い返してみると、好きになる子はみんなそういう裏表のないタイプだった。きっと、自分が女でも男でも変わらない態度をとってくれるだろうと思えるから、自然体で向き合えて楽だったのだろう。

どっちにも当てはまらない自分（オレがミス学園！?）

周りの友達が僕のことをどう見ていたのかはわからないが、誰かに打ち明けたことはない。おそらく、ボーイッシュなタイプだと思っていたのだろう。
「ミス学園」に選ばれたこともあった。
ミスになったことを嫌だとは思わなかった。「オレがミス学園に選ばれちゃったよ」なんて、少し茶化していたくらいだ。

その一方で、アイドル雑誌『ポテト』に後輩が僕の写真を送って、誌面に結構大きく掲載されたこともあった。もちろん男の子として。その時、母は雑誌を見て「もしかしたら」と思ったらしい。
中学時代から、母も少しずつ感じてはいたようだけれど、何も聞かなかったし、僕から悩んでいると話したこともなかった。
友達から「好きな人はどんな人？」と聞かれた時には、「好きになったら男でも女でもいいんだよね。でも、いつも女になっちゃうんだよね」と答えていた。
それでも、友達や付き合っていた相手からも、それ以上深く聞かれたことはなかったし、自分から相談したこ

ともなかった。

　気づかなかっただけかもしれないけれど、誰かに何かを言われて傷ついたこともなかったと記憶している。中学時代もそうだったが、周りに恵まれていたと思う。

　今だったら、家族や友達に相談したり、カミングアウトする子もいるだろう。悩んでいる子がいたら、相談することができる場所や機関もあると思う。僕の時代から30年以上経った今、どちらの性で生きるか、高校生で決断を下す子もいると思う。

　でも、当時は性同一性障害という言葉は一般的には知られていなかったし、世の中的にもまだそういうことが受け入れられる時代ではなかった。

　そしてこの頃の僕は、制服と同じように、選択肢があるとは思っていなかった。自分が男として生きるか、女として生きるかについて、考えていなかったのだ。

　中学生の時から僕には体操があった。もし体操がなかったら、もっと悩んでいたかもしれない。

悩みは日記に

高校時代、人に悩みを打ち明けることのなかった僕が、思いを吐き出していたのが日記だ。日記といっても毎日ではなく、書くのはたいていネガティブな気分の時で、恋愛や部活などで感じたことが主だった。

書くという行為で発散していたのか、その後、日記を読み返すことはほとんどなかった。今回久しぶりに高校時代に書いた文章を読み返したら、思いっきり青春していて少し気恥ずかしくなった。

とはいえ、当時の僕は自分を励ましたり、目標を立てたりと、なかなか頑張っている。こんな具合に。

「信じるということ」
　手のひらいっぱいのマメ…信じようよ、いつかマメの数だけ技ができるようになるんだと。
　泣きたいくらい痛い柔軟…信じようよ、いつか痛みをこらえたぶんだけ、身体が柔らかくなるんだと。

よほど練習がきつかったのだろう。人前では弱音を吐きたくなかったけれど、日記にならば、素直な気持ちを綴ることができたのだ。

思ったことを文字にするなら、アナログな日記じゃなくても、ブログやツイッターなどのSNSがあるじゃないか、と思うかもしれない。だが日記の良いところは、誰にも読まれないことだ。

　一度、ブログやツイッターで発信してしまったら、誰かの目に触れる可能性は非常に高い。一時の感情の昂りで書くのはリスクが高いように僕は思う。日記なら、「つい書いてしまった」と思ったら、読み返さなければいいだけだ。

　そして、文字を書くということは、ある程度考える時間を必要とするから、書きながら思考を整理することができる。感情のおもむくままに書いているようでも、実は考えが少しずつクリアになっていくのだ。

　僕は大人になっても日記を書いていた。大人になってからは、自分の置かれた環境や人への感謝など、ポジティブな内容も増えた。

　日記を書くことで僕は救われたり、その一方で幸せを実感したりしていたのだ。

中学、初めての県大会

レオタード姿、少し恥ずかしいな…(高校の時)

珍しい制服姿。なかなかの美少女(笑)

お気に入りの後輩と

インターハイへの夢が破れる

　朝6時からの朝練、昼も練習、そして夕方5時から10時まで練習…と器械体操部での練習は毎日ハードだった。それだけのために生きているかのように。
　そんな僕が信じていたのは「頑張れば結果はついてくる」ということ。中学校時代から、競争になってくると、頑張ったもん勝ちだな、と思っていた。
　高校時代の練習では腕立て伏せを何回もして、手のひらにマメができれば、それだけの結果が得られると必死に頑張った。
　大人になっても続く僕の「頑張る教」は、中高時代の部活によって培われた。

　高校時代の目標はインターハイ。エリートに囲まれて落ち込み、先生に反抗し、すべてが嫌になってしまって家出までしたけれど、僕にとって部活はその頃の人生のすべてだった。
　ところが、インターハイに行くことはできなかった。ただ、やり切った思いはあったので、清々しい気持ちで高校3年生の夏に部活を引退することができた。
　高校3年の夏にもなれば、将来について考える時期。

進路について、体育大学に進学するのかどうかを母と話した。大学進学を選ばなかった僕は、中学時代からの6年の体操生活に別れを告げた。

　練習がなくなってからの僕は、一人でいることが嫌になって実家に戻り、2時間半かけて高校に通っていた。部活がなくなった放課後は埼玉県の奥の方にある学校から、電車に乗って池袋へ遊びに行っていた。目標がなくなり、燃え尽きてしまったように感じていたのだ。
　周囲には不良の友達も多かったけれど、僕は部活を引退したからといってグレるようなことはなかった。
　なぜなら、僕には夢があったからだ。
　小学生でサーカス入団を諦めた後は、ずっとアクションスターになりたいと思っていた。中学生の時は、ブルース・リーが好きで、手作りのヌンチャクを作って真似をしたりしていた。
　そしてこの頃、真田広之さんや志穂美悦子さんが大活躍していて、それはそれは憧れていた。僕は真田さんみたいになりたかったのだ。

アクションスターを夢見てJACへ

部活を引退した後、週1で真田さんが所属していた芸能事務所「ジャパンアクションクラブ（JAC）(※)」へ通っていた。

そして、試験を受けてJACの養成所に入った。

僕の進路に関して、母は何も言わなかった。JACに入ると決めた時も、反対することはなく、授業料と成人するまでの食費は出すとだけ言ってくれた。

昔から母はそうだった。僕が夢について話す時、決して否定したりすることはなかった。僕が「歌手になりたい」と言えば、「じゃあお母さんはスーツケースを持って一緒に回るわ」と言っていた。

高校を卒業後、実家を出て一人暮らしを始めた僕は、母が送ってくれる5万円の食費以外の生活費を稼ぐために、原宿にある洋服ショップでアルバイトをした。

JACでは殺陣や演技、アクション、ジャズダンスなどのレッスンを受けた。一番苦手だったのがジャズダンスだった。

笑顔でポーズを決めなくてはならないのが恥ずかしかったのだ。得意だったのがアクションで、テストではトップクラスだった。

※現JAE（ジャパンアクションエンタープライズ）

でも、僕は女優になりたいわけではなかった。じゃあどうすればいいのか？　答えは出ない。だって僕の見た目はショートカットの女性なのだから。
　僕は他の人と同じように夢を見ることができないのか？　それでも、諦めてたまるもんか‼　普通に夢を見てそれを手に入れてみせる‼　体育会系で「頑張る教」の僕は、毎日そんなことばかり考えていた。
　そして、当時の日記には「強くなって悩まなくなるようにしたい」とも記している。悩みがあるのは弱いことだと思っていたから、何にも気にしない人間になりたかった。
　頑張ろうと自分自身を励ましつつ、他人からどう思われているのか、誤解されているのではないかと気にして、焦りも感じていたのだ。
　そのうち僕は、頑張っても無理だと悟った。このまま練習しても真田さんみたいにはなれない。僕は女役をやりたいわけじゃなかった。
　約2年間通っていたJACを辞めた。

水商売の世界へ

　JACを辞めた後、僕は夜の世界の仕事を始めた。友人が「こういうバイトがあるんだって」と何気なく言った一言がきっかけだった。

　僕が勤めたお店は、歌舞伎町にある、男装した女性が接客をするバー「男装の麗人」だ。働いていた人達は僕より年上で、みんなダブルのスーツを着て、リーゼントだった。

　その頃の僕は、当時大人気だった光GENJIみたいな雰囲気。まだ子どもだった僕は、夜の世界を知らなかったこともあり、問題児だと言われた。でも、オーナーからは「才能がある」と言って可愛がられて、スーツ一式を買ってもらったりもした。

　このお店で働くようになってから、僕の見た目は大きく変わった。男性用の靴を履いて、メンズのスーツを着て、ネクタイを締め、見た目はすっかり男性。本来の僕として振る舞える。そのことが嬉しくてしかたなかった。

　そしてこの頃から、トイレも男性用を使うようになった。

　お店での僕の名前はヒロト。付き合っていた彼女の初恋の人の名前だ。彼女とは東京に出てきてから初めての

恋愛だった。漢字は洋人で今とは異なるが、これ以降、僕はずっと、ヒロトを名乗ることになる。

　お店に入店して1日目から指名され、お客さんがついた。1カ月経った頃、僕はお店でナンバー1になっていた。
　お客さんは女性も男性もいて、その中にはナンバー1のホストもいた。彼らは朝の5時、6時くらいにお店が終わってから、僕の働いているお店にやってくる。ナンバー1のホストは「お前は本当に可愛いヤツだな」と言って、可愛がってくれた。
　お店では売り上げのために、飲めない酒を明け方までひたすら飲み続ける日々。僕のキラキラした夢はどこへいってしまったんだろう？　そんな思いを抱いていた僕を、踊りの神様が救ってくれた。
　働いて1年くらい過ぎた頃に、そのお店の系列店であるショーパブの存在を知ったのだ。

「やっぱり踊りたい！」ショーパブの世界へ

　ショーパブは、お酒を飲みながらダンスなどのショーを楽しむところ。当時、ショーパブは大ブームだった。

　そのお店で働いていたのは、ジャニーズ系のルックスの男の子達。ショーは、大人気だったマイケル・ジャクソンの曲で踊ったり、ローラースケートを履いて光GENJIの曲に合わせて踊ったり、少年隊の曲を歌いながら踊ったり、といった内容だった。

　マイケルの影響もあり、ダンスの魅力にハマり、人前に出るのも好きな僕は、オーディションを受けた。

　オーディションでは「みんなの前で着替えられますか？」と尋ねられた。女は僕一人だったが、「はい」と答えた。

　オーディションに受かった僕は、自分が男として生きていくことを強く意識するようになる。

　男ばかりの部屋で一緒に着替えた。ランニングにトランクス姿で。胸にはマジックテープのついたサラシを巻いていた。

　とはいえ、衣装の問題は大きかった。従業員はもちろん僕の素性を知ってはいたものの、一緒にいるうちにそんなことは忘れてしまう。

露出度の高い衣装を着る時は自分なりに工夫をして、何も気にしていないふうを装った。踊って、たくさん汗をかき、それでも厚着していたので、一年中あせもができていた。

　ステージだけではなく、レッスンの時も大変だった。Tシャツ1枚になりたくても、厚手のものを着たり、重ね着をするしかなかったのだ。

　でも、このお店でダンサーとして働くことを選んだのは自分。自分が選択してやっていることに悩みたくなくて、「これが当たり前」と自分に言い聞かせていた。

　そして、せっかく僕が女だということを忘れてくれている人に思い出させたくなくて、衣装のことで悩んでいるとは誰にも言わなかった。

　こうした葛藤はあったけれど、自分が男として、当たり前に男性ダンサーとして仕事ができることは幸せだった。

　この頃、母は僕を見て、「この子は男っぽいんじゃなくて、男なのかな」「この子は女の子として生きていけるかな」と思っていたそうだ。

　でも、「男っぽくなった」と言ったり、

そういうことを口にする母ではなかったし、兄もおばあちゃんも何も言わなかった。

　そんな母も僕の成人式の時に覚悟を決めたらしい。美容師で着付けの講師でもある母は、僕のために紫色の振袖とロングのかつらを準備してくれていた。母の気持ちに応えるため、僕はその振袖を着たものの、写真を撮っただけですぐに脱いでしまった。

　その時、母は「この子の好きな道に行かせてあげよう」と思ったそうだ。そう後から聞いた。

　兄は振袖を着た僕に対して「おかまに見える」と言った。そんな兄も後になって「東京にやったから変わってしまった」と母を責めたらしい。

　これまでに兄から直接何かを言われたことはないが、きっと父親的な感覚で僕を見ていたのだろう。

成人式。最初で最後の振袖姿

これが男の世界？

当時はバブルの絶頂期で、お店は女性のお客さんで連日満席だった。

よく「男の世界はさっぱりしている」というけれど、実際働いてみるとそうでもなかった。

僕の人気が少し出ると、同僚の中には妬みから「あいつは家ではスカートをはいてるんだよ」と言ったりして、お客さんをしらけさせるようなことを言うヤツがいた。

同じように踊って、お酒を飲んで働いているのに「どうせ男にはかなわないんだから、はやく女に戻ってオレと付き合おうよ」なんて冷やかすヤツもいた。

でも、そんなことを言うようなヤツは、モテない男が多かったな…。

なんて、今ならそう思えるけれど、当時の僕はとにかく陰で悔し泣きすることが多かった。

僕は男と張り合うために、男として生きたいわけじゃない！　そんな悔しい思いもたくさんした。

尊敬していた先輩に裏切られたこともある。

当時付き合っていた女の子がお店に客として来始めたのだが、その子に先輩が手を出したのだ。

その先輩にはもちろん腹を立てたが、手を出されたそ

の子にもショックを受けた。僕にもスキがあったんだとは思うけど。周りから、「かわいそうだな。でもヒロト、お前も女なんだからさ」と言われた。この一件はかなりつらかったし、悔しい出来事だった。ただ、その後彼女とはダンスを通じて、とても尊敬し合う関係になった。

　この店で男として仕事をすることによって、「男としてこう生きるんだ」と意識するようになった。だったら普通の男になりたいと強く思った。
　そしてこの頃から、また僕の「頑張る教」が始まってしまったのだ。
　嫌なことだけではもちろんなかった。性別不明の僕は男性のお客さんからも可愛がってもらえた。
　男性のお客さんは、よく銀座のホステスのお姉さんやキャバクラの女の子を連れてきてくれた。
　その中の一人と僕は恋に落ちた。

大人の恋愛

　その子はキャバクラで働いていて、お店でナンバー1の売れっ子だった。当然ながら、僕より稼ぎはいい。
　本気で彼女のことが好きだったし、お互いに若かった。彼女とは、お金のことで喧嘩になることが多かった。喧嘩すると「だったら、あなたが食べさせてよ」とよく言われた。
　「貧乏になってもいいから、キャバクラを辞めてあなたの稼ぎで生活したい」と言われた僕は、彼女を食べさせられる男になりたいと思った。初めて、大人の男として、彼女を守り、養いたいと思ったのだ。
　また、彼女のためだけではなく、自分のためにもお金が必要だった。ショーパブで働くようになってから、「男として生きていきたい」と思い始めた僕は、将来、性別適合手術を受けようと思っていた。とにかくお金が欲しかったのだ。しかし、当時勤めていたショーパブのダンサーでは難しかった。
　僕はショーパブを辞めて芸能事務所を作り、がむしゃらに働いた。そしてこの頃から、僕は男性ホルモンを打つようになった。
　若気の至りでこの頃の僕は本当に悪ガキだった。彼女

とはよく喧嘩したし、家を追い出されて車で生活していた時期もある。だけど、仕事で手を抜くことはしなかった。

　まだ若くて、他人と比べて生きていた僕は、お金がないと人から認めてもらえないと勘違いをしていた。

　お金はある意味、とてもわかりやすい指標だ。増えると満足感が得られたし、稼げる自分になったことは嬉しかった。そのくせ、心のどこかでは「人生、お金ではない」なんて思っていたけれど。望んでいたものが手に入ると、少しむなしさも感じるようになっていたように思う。

　世間的には「男」として認められていなかった僕は、人一倍世の中に認めてもらいたかったのだ。心の中で常に闘っていたあの頃の僕に、今の僕には言いたいことがたくさんある。

　そして22歳の時、1年間で800万円を貯めた。彼女とは結局別れてしまったが、1年間の貯金額としては、僕の人生での最高記録だ。

18才。JAC養成所時代

成人式で着物を脱いだ直後(P.71と見比べると…)

男性ダンサーとしてデビュー（前列右側）

初ハワイでサーフィン！

再びダンサーに

　ある日、知人の付き合いで「ショーパブ金魚」に行った。日本一の舞台装置のあるショーパブだ。初めて「金魚」の舞台を見た時、心がワクワクした。
　平らな舞台が階段になり、空中からは宙吊りで人が降りてくる。そして、踊っている舞台がせり上がり、その下からもう1つの舞台が出てきて2重の層で踊ったりもする。
　お金なんていらない！ 今、ここで踊りたい‼ 心からそう思った。
　この時、僕は26歳。自分の人生について考えてみると、あまり時間がないことに気づいたのだ。
　後日、僕は「金魚」のオーディションを受ける知人に一緒についていった。そして、なんとなく僕もオーディションを受けた。
　僕はオーディションに受かり、芸能事務所を辞めた。「踊りの神様」が再び救ってくれたのだ。

　「金魚」のダンサーは僕以外は全員男性で、ほとんどがニューハーフ。背が高くて綺麗な人ばかりだ。
　当時、「金魚」の舞台装置から演出、振付を担当して

いたのがロッキーさんだ。オープンにあたって、彼が日本中のショーパブから、ニューハーフのダンサー達を引き抜いてきた。日本のみならず、海外からも。全員が華のあるメンバーだった。

　僕にとって、ニューハーフの人と一緒に働くのは初めての経験。彼らもまた、僕のような人間と働くのは初めてだった。

　見た目が綺麗なだけでなく、自分に正直に生きる心の美しい人が多かった。その中で踊るということは、さらに自分を磨かなくてはならない。

　僕は、すでに働いていた運動神経が良くて背の低い２人の男性ダンサーと一緒に「鳶職３人組」というチームで動き回る役割を果たすようになった。そして、働き始めて３年くらい経ってから、僕に人生で初めて「こう生まれて良かった」と思える日が訪れる。

　ショーのメインの演目で、ロッキーさんが僕を主役に抜擢して、「源の義経」を題材にした演目を作ってくれたのだ。

　ショーは全体で１時間。いくつかのナンバーで構成されていて、メインのナンバーは20分くらいだ。

正直いうと、飛んで、跳ねて、踊りまくる義経の役は、体力的には大変だった。初日は体力の配分がわかっていなくて、全身がつってしまい、家に帰れなくなってしまったくらいだ。
　でも、毎日が幸せだった。踊れば踊るほど自信がついてくる。それも、信じられないくらいのスピードで。
　そして、初めてお店に来たお客さんが「ナイス・ダンサー」と声をかけてくれた時、僕の体中の細胞が呼吸した。それがきっかけとなって、僕はダンサーを目指すようになった。それまでは「金魚」で踊ることができればいいと思っていたけれど、僕のやりたいことがクリアになったのだ。
　ずっと「男っぽくなりたい」ということばかり考えていたが、性別と関係なくやりたいことが見つかった。
　そして、次のステップアップのために、久しぶりにダンスのレッスンに通い始めた。
　ロッキーさんが僕を抜擢してくれたことで、僕の人生は変わり始めていたのだ。

人生が変わった「義経」の宣材用写真（センター）

オネエの先輩に囲まれて

「金魚」のダンサーは、僕よりみんな年上でキャリアもある。それでなくても見た目が子どもっぽい僕に対して、最初はみんな上から目線だった。

ただ年上だからというわけではなく、僕がショーパブの世界をよく知らなかったから。すれていないウブな子に見えたのだろう。

何かトラブルが起こった時など、「ヒロトは何も知らないから、内緒にしてね」と陰で言ったりして、僕には伝えなかったり。

当時は「一言言ってくれればいいのに」と怒りも覚えたが、彼（彼女）らなりに僕を守ろうとしてくれていたのかもしれない。

でも、僕はやんちゃだったし、喧嘩っ早かった。僕よりもはるかに体の大きいおネエさんと喧嘩したこともあった。

そして、彼（彼女）らはまったく悪気はなく、独特の話し方をするのが常。言葉の端々に少し毒があるのだ。「ブス（今日は調子）どう？」なんて話しかけられると、慣れないうちは「なんだよ、ブスって！」と思ったし、かなり違和感があった。

僕はいじめられることはなかったが、中国人のダンサーはいじめられていた。僕は言葉の通じないつらさがわかったから、彼とは仲が良かった。

　ショーパブダンサーとして実力をつけた僕は、お店ではいいお客さんがついて、日々を楽しんでいた。毎日のように、ブランド物や花など、たくさんのプレゼントをもらった。もらった花がもったいないから、生花まで習ったくらいだ。

　車で店に出勤し、お客さんに自分の好きなダンスを見てもらって、しかもチップまで。3つ星レストランにも、しょっちゅう連れていってもらっていた。

　お酒もたくさん飲んだ。お客さんと飲んだ後、酔っ払って、道路に停めてあるベンツの上に乗って暴れたことも！　ベンツの持ち主にはお客さんが修理代を払ってくれたけれど、「ヒロトくん、そんなにストレスが溜まっているんだったら、ビルを爆破させてあげるから」なんて言われた。

　時代もあったと思うけれど、好きなことをして、毎日がお祭りのようだった。

ニューヨークへ行くことを決意

　29歳の時、僕はショーパブダンサーとして最盛期を迎えていた。だけど、4年間踊っていた「金魚」を辞めた。それは僕にとって、とても不安を伴う選択だった。

　なぜならば、僕は先輩や同僚、お客さんにも恵まれ、本当に好きなものに囲まれて生活していたからだ。しかも給料も悪くない。

　でも、こんな自分のままでいいのか…？　と疑問に思い始め、30歳を迎える前に自分を変えたかった。なんだか、ぬるま湯に浸かっている気がしていたのだ。ショーパブダンサーとしてだけではなく、プロのダンサーとして夜の世界だけではなく、もっと広い世界を知りたいと思った。

　ちょうどその頃に見た「THE CONVOY SHOW」に刺激を受けたこともきっかけになった。男だけのメンバーでダンスや歌、楽器演奏などのパフォーマンスを行うショーだ。

　そこで僕は、ずっと憧れていたニューヨークへ行くことを決めた。

　ニューヨークはエンターテインメントの本場で、世界中から才能ある人が集まってくる。街自体がエネルギッ

シュで、なんといっても自由がある。そしてチャンスを手にすることができる街だ。

僕は芸能事務所時代に貯めた800万円に手をつけないでいた。いつの日か受けるかもしれない性別適合手術のためにとっておいたのだ。それがニューヨーク行きの軍資金になった。自分のことながら、物事はうまくつながるものだな、と思う。

日本にいても、ダンス漬けの生活ができる人はいるだろう。でも、僕はきっと日本にいたら、会いたい人といつでも会い、食事に誘われたら行ってしまう。人からの誘いに弱い僕は、おそらくダンス漬けの生活はできなかったと思う。

中学時代から、僕はずっと目標を立てて、それに向かって努力をしてきた。つらくても頑張れば、それだけの結果がついてくると信じて。

器械体操では手にマメをつくり、練習を重ねた。叶えたい夢のための努力は惜しまなかった。

次のミッションはニューヨーク。そう思ったのだ。

胸の手術

「金魚」を辞めた後、ニューヨークへ行く前にしておきたいことがあった。胸を除去する手術だ。両方合わせてたったの80グラムしかなかった胸だけれど、僕にとって手術は、夜の世界の仕事から踏み出すために必要だったのだ。

当時、胸の手術を受けた人は、まだ僕の周りに数人しかいなくて、不安はあった。でも、僕に他の選択肢や悩んでる時間はなかったし、母にも相談しなかった。

病院で手術を受けて、翌日には退院。長年の僕の夢はあっけなく叶った。そこからの人生は以前と比べると、はるかに楽になった。

Tシャツもタンクトップも着ることができるし、海に行ったら裸になれる。そして、どんな衣装でも着ることができる。これまで夜の世界以外の仕事に踏み出せなかったのは、着られない衣装があるかもしれないということが大きかったのだ。

そんな普通の人にとって当たり前のことを、僕はとても幸せに感じた。

術後、当時はまだテレビで活動していなかったはるな愛ちゃんが、看病をしに来てくれたことがあったなぁ。

本当にありがたかった。

その後、渡航準備は着々と進み、出発1週間前に実家に帰った。ニューヨーク行きの報告をするために。

完全な事後報告だったにも関わらず、母もおばあちゃんも兄も口を揃えて、「言いだしたら、誰の言うこともきかない子だから」と反対はしなかった。

出発の日、母は表に「お祝い　門出」、裏に「お母さんだったら、100万円もらってもアメリカには行かない」と書いてある封筒をくれた。応援してくれる思いと親としての心配…。母の気持ちが痛いほど伝わってくる。封筒の中には10万円が入っていた。

29歳ともなると世の中が甘くないことや、社会的なことも理解してくる歳だ。期待や夢だけを抱いてはいられない。

僕だってそうだった。英語も話せないし、土地勘もない、貯金も限られている。でも新たな僕の人生を始めるんだ！　僕は、ニューヨークへ行ったら、性別について自分からは明かさないと決めていた。

ニューヨーク生活がスタート

　僕は学生ビザでダンス留学生として、スーツケース2つだけ持って、ニューヨークの地に降り立った。
　「金魚」時代に1度だけニューヨークに留学しているという女性が来たことがあった。当時、インターネットなどがまだ普及していない時代のため不安だったが、僕はその女性だけが頼りだった。
　運よく、問題なく彼女と会え、最初の1週間だけルームメイトとして一緒に住まわせてもらった。
　その間にダンススクールの手続き、部屋探しをしなくてはならない。部屋が決まったら、今度は電話やケーブルTVの契約など、目まぐるしく動き回った。言葉が通じなくて、本当に泣きたくなることも度々。
　ニューヨークでダンスを学ぶ。言うのは簡単だが、大変だった。言葉が通じないのは、たとえ日々の小さなことでも大きなストレスになる。夢の前に立ちはだかる壁がとてつもなく高いものに感じていた。
　そんな時、ある雑誌でこんなキャッチコピーを目にした。
　「夢は捨てるな。夢だけ見るな」
　まさしくその時、僕が実感していたフレーズだった。

ダンサーとしての夢、そして「男として生きていく」夢、僕は２つの夢をニューヨークで叶えようとしているのだ。
　日本にいた時から、ニューヨークでの未知の世界へ飛び込むのは大変だと容易に想像できた。その反面、誰も僕のことを知らない暮らしへの期待も大きかった。
　中学生の頃から、やるだけやってダメだった場合は、次のミッション…といった具合に、常に前へ進んできたのが僕だ。悩みから抜け出すためには前に進むしかなかった。そこに立ち止まることは、悩み続けることのような気がしていた。
　結局、ダンスレッスンに集中できたのは１カ月くらい経ってから。
　レッスンは、日本のようによくレッスンに来る人が中心でもなければ、上手な人が中心でもない。上手でも下手でも前でやりたい人はどうぞ。それがニューヨークだ。
　なんて楽しいんだろう！
　僕は朝から晩まで、ダンススクールでレッスンを受けまくった。

バレエとの出会い

　ダンスを学ぶためにニューヨークに来たとはいえ、こんなにダンスのことだけを考えて生きるのは、生まれて初めてだった。
　初めはジャズダンスのレッスンばかり受けていたが、教えている先生も朝からバレエのクラスを受けていることに気づいた。
　高校時代にダンスとは出会っていたけれど、どうしてもやりたくなかったのが、バレエだ。ジャズダンスを習っていた時、先生から「バレエはダンスの基本だからやらないと！」と言われてはいたけれど、どうしてもできなかった。その頃の僕にとっては、チュチュかタイツのどちらかしかないバレエは、とても女っぽいものに感じられたのだ。
　これまでにバレエをやるチャンスはあったはずなのに、できるだけ早く始めた方がよかったのに。僕の余計なこだわりのせいで、長い間避けてきたのだ。
　つまり、僕はバレエ自体が嫌いだったわけではなく、周りの目を気にしていただけ。
　そんな僕が、図らずもニューヨークで本格的にバレエと出会うことになった。

日本では男性はバレエのレッスンを受けにくい印象がある。でも、ニューヨークでは男女の比率は同じくらい。しかも、誰も僕のことを知らないから、周りの目を気にしないですんだ。

　すでに29歳だったが、今からでも「本格的にバレエをやろう！」と思った。そして、僕はバレエのレッスンを受け始めた。受ければ受けるほど、できない悔しさとともに、バレエの素晴らしさにのめり込んでいった。

　その頃の僕は、朝10時からバレエのレッスン、お昼からは英会話の学校、夕方からプライベートレッスン、その後は夜9時まで、毎日毎日バレエクラスを受けた。

　そこまでのめり込んだ理由は3つある。1つは環境が変わったことでバレエが「女っぽい」という思い込みから解放されたこと。2つ目は自分の身体や動きがバレエに合っていると実感したこと。そして3つ目は、素晴らしい先生に出会ったことだ。

恩師との出会い

　先生の名前はジャン・ミラー。顔もスタイルも、本当に美しい女性だ。忘れもしないあの雰囲気やヘアスタイル、話し方。彼女が腕を動かすと、とても優雅で美しかった。

　でも、当時の僕にとっては本当に怖い先生だった。英語がわからない僕に対して、おかまいなしにがんがん教えてくる。教わってるんだか、ただ怒られてるだけなんだかわからなかったぐらいだ。レッスンの時、僕はいつもパニック状態だった。

　ずっとバレエを習っていても、芽が出ない生徒もいた。そんな生徒に対して、ジャンはシビアに接していた。でも、ジャンは他にもたくさん生徒がいるのに、バレエをやったことのない僕を集中的に教えてくれた。

　そのおかげで、もしかしたら自分はバレエに合ってるのかな、と思い始めていた。

　まず、身体の面でいえば、僕は骨が真っ直ぐだから、立ち姿も真っ直ぐ。ジャンはそういう面からも僕のバレエでの可能性を見抜いてくれていたように思う。

　ただ、器械体操をやっていた僕の身体能力の高さは、バレエでは不必要だった。

簡単に言うと、器械体操はスポーツでバレエは芸術。筋肉を使って、力を入れて、手や脚を真っ直ぐに伸ばすのはバレエではない。バレエはイメージで伸ばしていく感じ。器械体操だったら、腕をワン！　ツー！と小気味よくピタッと直線的に伸ばすところを、バレエではワーン、トーゥーとふんわりと伸ばすのだ。器械体操出身の僕にはありえない動きだ。

　ジャンプする時も器械体操は筋肉で跳ぶが、バレエは身体のバネを使って跳ぶ。

　器械体操で培った僕の動きはことごとく、ジャンに直された。そして、「あなたは筋肉で頑張ってるのがわかる。体操の筋肉は全部忘れなさい。そうじゃなければ、もう来ちゃダメ。力を抜くことを頑張りなさい」と言われた。

　器械体操と違って、バレエは身体の力を抜くことが重要なのだ。

　僕はニューヨークに来るまで、ずっと「男になりたい」「男として生きていきたい」という思いで肩肘張って生きてきた。生き方自体に力が入っていたのだ。

　バレエの基礎は、身体に芯があり、真っ直ぐに立ちながら、身体の力を抜く。自

分の信条という芯を持ちながらも、力を抜いて生きていけばいい。その時はそこまで深く考えてはいなかったが、僕はバレエからそう教えてもらったような気がする。

バレエと出会ったのは、偶然のように思えて、実は僕の人生における必然の出来事だったのだろう。

それもジャンという存在があってこそ。ジャンに出会わなければ、バレエにのめり込まなかったし、こんな風に思えなかったと思う。

毎日バレエのレッスンを受けながら、「これから自分の人生が変わっていくな」と直感のようなものがあった。

そして、確実に自分はダンサーなのだと実感できた。「金魚」で働いていた時、「ダンサーになりたい」と思っていた僕は、自分がダンサーだと思えるようになっていたのだ。

ここまでのめり込んでいたが、この時、バレエで食べていけるとは思っていなかった。

優しくて厳しかった、最初で最後の僕のバレエの先生

ホームシックと男としての暮らし

　ニューヨークに来たはずなのにやっぱりダメみたい。これからどうなっちゃうんだろう。とても不安だ。
10月28日 30歳

　ニューヨークに来て1カ月目、僕はこう日記に綴っている。
　30歳の誕生日は、ロールキャベツを作って一人で食べて、ワインを飲んだ。1年前は「金魚」で働いていて、プレゼントを持ったお客さんが長蛇の列。プレゼントを受け取るだけで30分くらいかかったのに。なんてことを思いながら、過ごした。
　この頃は、日本食が食べたくて、自分で作ったカレーを1週間食べ続けたりもした。
　慣れない暮らしに疲れて、日本が恋しくなり、僕はホームシックになっていたのだ。人間関係でも「日本ではみんな親切だったのに、ここには親切な人はいない」と感じたりもしていた。

　ホームシックはつらかったけれど、僕はニューヨークで新しい自分を生きていた。

ニューヨークに来る前に決めていたように、僕は誰にも自分の性別について話さなかった。名前はヒロトで通した。
　友達もバレエクラスのクラスメイトも、そしてジャンも僕のことを男だと思っていた。日本人の友達もまったく疑っていなかった。
　僕は生まれて初めて、普通に男としていられた。これまで、周囲の人から性別のことについて変に気を遣われるのも嫌だったから、それを感じずにいられるのはとても楽だった。
　嘘をついてるような気がして申し訳なく思ったこともある。けれど、当時の僕はそれが「自分らしく生きる」ことだと思っていた。
　ただ、ダンススクールの校長が本名を知っていて、僕のことを「チホ」ならぬ「チオ」と呼ぶのにはまいった。みんなが「ヒロト」と言うのに、彼女だけは頑なに「チオ」だった。

トロカデロ・デ・モンテカルロバレエ団に入りたい

　クラスメイトに勧められ、初めて観に行ったバレエの公演。それが、トロカデロ・デ・モンテカルロバレエ団だった。

　ダンサーは全員男性で女装。クラシック・バレエをパロディ化して、高いパフォーマンスを見せるバレエ団だ。

　彼らが日本で公演している時には、僕も一時帰国して観にいった。幾人かのメンバーとは数回、朝のバレエクラスで一緒だったので知り合いを見ているようでもあり、ドキドキワクワクして、とても感動した。

　バレエに対するこだわり、真剣なジョーク、舞台や客席への想い。すべてがプロフェッショナルだった。

「入団したい！」

　僕の夢が具体的になった瞬間だった。

　ニューヨークへ戻った僕は、ジャンにトロカデロを目指したいと告げた。その時点で、僕のバレエ歴はたったの半年。そんな僕にジャンは、「いいんじゃない、ヒロトは背も低いし」と言った。そこから、ジャンと僕との二人三脚が始まった。それから１年後には、僕はトロカデロのメンバーとして彼らの中に交ざって踊っていたのだから、自分でも驚いてしまう。

そう、本気で目指し始めてから1年ほど経ったある日、ついにオーディションの日がやってきた！　といっても、実は僕はその日がオーディションだとは知らなかった。何も知らない僕はいつものように楽しくジャンのクラスのレッスンを受けていたのだ。

　でも、いつもと違う。僕の隣に大きな男性が並んで立っていて、僕を観察しているのだ。

　後から知ることになるのだが、その男性こそトロカデロのディレクターだった！　緊張するタイプだということを知っていたジャンが、僕に内緒で知り合いのトロカデロのディレクターとミストレスを朝のクラスに呼んでくれていたのだ。そんなことを知る由もない僕は、「キモいな」と思い、彼から離れたが、気がつくとまた隣にいる。ガンも飛ばした。

　失礼な態度だが、その人がまさかあのトロカデロのディレクターだとは思ってもいなかったのだから、しかたがない。

オーディションに合格！ そして恩師との別れ

午後から、ジャンのプライベートレッスンが始まった。そうしたらジャンが、いきなり「ほぼ確定だから。あとはビザがどうなるかね」と言ったのだ！ ところが、オーディションを受けた覚えのない僕は、彼女がいったい何の話をしているのか、さっぱりわからない。

その後、友人が通訳してくれて、オーディションが行われたと知った時は頭が真っ白になった。

バレエ歴1年半の僕がバレエカンパニーに受かるなんて！ 履歴書が大切な日本ではありえないことだ。

しかも、道を歩けばダンサーかミュージシャンか「スターバックス」にあたるこのニューヨーク。

この地でダンスカンパニーのオーディションに受かる確率は200分の1なのだ。

アメリカンドリームとはまさにこのことだと思った。それから約1週間、毎日トロカデロのニューヨーク公演前のカンパニークラスに参加した。

カンパニークラスとは、トロカデロのメンバーだけのためにあるバレエのクラス。ストレッチやバーを使ったレッスンから、本番さながらの動きまでを行う。

トロカデロのダンサーにとって、ストレッチは重要だ。

男性パートも女性パートもこなすため、バレリーナをリフトする（持ち上げる）時も、男性をリフトする。

しかも、彼らは女性のバレリーナと違ってマッチョな体型。そんな彼らをリフトするにはハードに筋肉を使うので、念入りにストレッチを行う必要があるのだ。

そしてカンパニークラスが普通のクラスと異なるのは、練習とはいえ、ポーズなども見せることを意識したクラスだということ。本番への準備を整えるような意味合いが強い。

プロが練習するカンパニークラスは、僕の目に新鮮に映った。他人の存在を気にすることなく、それぞれが自身の裁量で練習している。自分も彼らのようにプロになったのだと、少しずつ実感が湧いてきたのを覚えている。

そして、カンパニークラスの最終日、ディレクターのトリーが手書きの契約書をくれた。

遠い夢だと思っていたことが、叶おうとしていた。それは、遠くから小さく見えていた山が、いざふもとに近づくと恐ろしい高さでそびえ立っているような感じだった。「この山を本当に登る気？」と思った。

オーディションに受かった興奮から時間

が経ち、冷静になればなるほど怖くなった。

　その後、トロカデロがイギリス公演へ遠征。その間、僕に覚えておくようにとディレクターがジャンにビデオを渡していった。
　ビデオには「白鳥の湖」「ライモンダ」「パキータ」が入っていた。そして演目ごとに、僕の踊るポジションは右側の2番目、といったように細かく決まっていた。
　夜のクラスが終わってから2時間、ジャンが振付のレッスンをしてくれた。それだけではなく、ジャンのクラスを受けているクラスメイトまで一緒に踊ってくれて、前後や横のメンバーとの距離感の取り方までしっかりと教えてくれた。
　もしジャンがいなかったら、もし出会わなかったら、今の僕がいないことは間違いない。どんなに感謝しても感謝しきれなかった。
　でも、僕のトロカデロ入団が決定した後、ジャンは20年のニューヨーク生活に終わりを告げて、ニューオリンズで高校生を教えることを決めた。
　ジャンがニューヨークからいなくなるなんて。

僕は自分のツアー生活の不安よりも、彼女がニューヨークにいない寂しさでいっぱいになったのを今でも覚えている。
　最後の日、僕はジャンに色紙を書いてもらった。
　色紙の言葉は、What's wrong with you？（あなた、いったいどうしちゃったの？）
　これは、レッスン中にジャンが僕に対して何度も言っていたフレーズ。彼女はいつもレッスンの時、「昨日はできたのに今日はできない」という意味合いで、僕に檄を飛ばしていたのだ。
　ジャンは「へへへ」と笑いながら、このフレーズを色紙に書いてくれた。そしてジャンはトロカデロに受かった時、「あなたがやったことは、すごくファンタスティックなことよ」とも言ってくれた。
　僕はレッスン中、いつもジャンに「Thank you very much!」と言っていた。今も同じ気持ちだ。

トロカデロ・デ・モンテカルロバレエ団に入団

31歳の時、僕はトロカデロ・デ・モンテカルロバレエ団初の日本人ダンサーとして入団した。芸名は「ユリカ・サキツミ」。非常に日本人っぽい名前だ。

僕の時代、トロカデロのメンバーは最大で18人。当然ながら、全員バレエ経験が豊富だ。

他のバレエカンパニーで踊っていた人、トロカデロに入りたくて子どもの頃からずっとバレエを練習してきた人、何十年もバレエをやってきた人。彼らの中にバレエを始めて1年半の僕が入ったのだ。

バレエクラスのクラスメイトの中には、僕に「バレエの世界はそんなに甘くない」と言う人もいた。ずっとバレエをやってきた人にとっては、僕がトロカデロに受かったと聞いて、「冗談じゃない」という気持ちだったのだろう。

そんな僕も、ジャンのおかげで、入団後のリハーサルでは完璧に踊ることができた。第一関門はクリア。

そして僕がバレエを避けてきた原因だった衣装についても難なくクリアした。初めてチュチュを着る時には抵抗があったし、自分が踊っている姿を鏡で見た時には

「変だな」と思った。でも、ダンサーである以上、仕事の衣装だと割り切れた。

それに、周りは僕のことを何も知らないのだから、気にする必要もなかった。

みんな僕のことを男だと思っている。トロカデロのメンバーは全員男。男でなくてはならないのだ。当然ながら、ディレクターもメンバーも僕が女だとは思っていない。

入団当初は「バレたらどうしよう」という不安よりも、ダンサーとして、男だけのバレエ団のメンバーとして認められた嬉しさの方が優っていた。

心の底から「腐らずいじけずに生きてきて良かった」と思っていたのだ。

とはいえ、実際に入団してからは、試練が多かった。言葉の壁は厚く、世界で認められているプロフェッショナルの集団の意識は、何もかもが初めてのことばかり。たいていのことは楽しめる僕でも、苦戦したのは言うまでもない。

最初のツアー

　僕の初めての世界ツアーはポルトガル・ドイツ・フランスを回る、カンパニーの中でも長い1カ月半のツアーだった。
　当時はまだインターネットもちゃんと普及していなかったから、CDウォークマンは必需品の時代。僕は長渕剛の曲「HOLD YOUR LAST CHANCE」にどれだけ支えられたことか。

　そして、初めての本番。メイクが時間内にできない！　カツラも思い通りに結べない！　焦っている僕を手伝ってくれたのはプリンシパル（主役級のダンサー）のヨニーだった。共に片言の英語でのやりとりを通じて、国境と言葉の壁を越えた。彼の心の広さに胸が熱くなった。
　そして、初舞台に立った。お客さんからの拍手をもらった時、鳥肌が立った。
　ツアー中は追われるように本番をこなし、新しい振付など、毎日山のように覚えなければならないことがある。ただ、そのおかげで「男」とか「女」とか余計なことを考える余裕がなく、自分らしく過ごせていたと思う。
　それでも、「ツアー先でもし病気になって病院へ行っ

たら、女だとバレるかもしれない」という不安はあった。

　ポルトガルではホームシックになって、母に電話をかけた。弱気な僕に母は「いつでも帰っておいで。あんたはやるべきことをやったんだから。決して負け犬なんかじゃないよ」と言ってくれた。

　トロカデロの入団を誰よりも喜んでくれたのに。母はいつもそうだ。僕の言動を否定したりしない。厳しいことも言うけれど、すべて僕のため。そして常に僕のことを、陰ながら見守っていてくれる。

　後から聞いたら、母はトロカデロで活躍する僕を誇らしく思ってくれる一方で、いつか女性だとバレるのではないかとヒヤヒヤしていたらしい。もちろん、母はそんなことは僕に一言も言わなかったけれど。

　「今、耐えれば…」。僕はそう思い、毎朝行くカフェを決め、ルーティンを作った。初めてのツアーは、ホテル以外の場所で自分の時間を作ることが大事だと学んだ。

僕以外、全員が男でそして…

　初めてのツアーは無事やり遂げたけれど、彼らのノリについていくことにはなかなか慣れなかった。

　メンバーは全員ゲイ。僕が所属していた当時はそうだった。

　まず、朝の挨拶からして普通と違う。「Good morning, bitch」なのだから。Bitch（ビッチ）とは「嫌な女」といった意味だ。このノリは、「金魚」での「ブス、どう？」という挨拶に似ている。

　「金魚」での経験はあったものの、英語だし、当時の僕はどう返していいのか、戸惑ってしまった。

　ツアー先でのルームメイトに相談したら、「Thank You, Slut（スラット＝あばずれの意）」と返せばいいとアドバイスされた。そう返したら返したで、「ついにヒロトが汚い言葉を言った！」と喜んで大騒ぎになった。

　ジャンからは周囲に「I have a boyfriend」と言うようにとアドバイスされていたが、僕がゲイではなく、ストレート（異性愛者）だと徐々に知られることになった。もちろん彼らは僕のことを女ではなく、男だと思っているのだが。

　それでも時には、誰かと２人きりになった際、身の危

険を感じることもあった。

　微妙な空気になったら「No」と拒んだ。そうすると、その後は僕と口をきかなくなったり…。彼のプライドを傷つけてしまったからだ。その分、僕は舞台に集中できたが。

　それはやがて、自分達と違う僕に対する不信感になった。「なんでここにストレートがいるの？」と思っているのだ。マイノリティとして厳しい差別を受けてきて、ようやく全員ゲイばかりのトロカデロという安住の地を見つけたのに、そこに図々しく乗り込んできたストレートのヒロト。僕のことが、自分達の聖地にズカズカと土足で乗り込んできた異教徒のように見えたのかもしれない。今は彼らの気持ちもわからなくないが、それでも当時はそうした彼らの態度には閉塞感を感じた。言葉の壁があるゲイのメンバー達とのコミュニケーションは、これまでの人間関係で最も難しいものだった。

　そのことを考えずにすんだのは、ショーの間だけだった。メンバー全員、プロ意識が高いために、ショーの間はコミュニケーションを図ろうとするからだ。

英語がわからない！

ニューヨークに初めて来た時、僕は「My name is HIROTO」すら言えなかった。それほど英語が苦手なのだ。1年くらい経ってからは、バレエのクラスで使う英語はわかるようになったけれど、レッスンに明け暮れていたので一般的な会話をする機会が少なかった。でも、ニューヨークに住んでいる以上、英語をしゃべれないと、バカにされているのかもという恐怖心を抱いてしまう。

メンバーとのコミュニケーションにも苦労した。ツアーで世界中を回るため、一緒にいる時間も長い。その間、ずっと英語で会話するわけだから、僕にとっては相当なストレスだ。

ある時は、僕が意味をとらえ違えたことで、喧嘩になってしまったこともあった。ツアー先で衣装さんが僕に「Don't forget your pants（パンツを忘れないでね）」と言った。

衣装さんとしては、ショーではくパンツを忘れないように、という意味だったのだけれど、僕はみんなの前で子ども扱いされてバカにされたと思ってしまったのだ。

思わず頭に血が上ってしまって、その人に殴りかかってしまった。他のメンバーからは「最低」と言われた。

誤解だと気づいてその人に謝ったけれど、なかなか許してはもらえなかった。

　日常会話だって厳しいのに、英語のジョークがわかるはずがない。ある時は辛口のジョークがわからず、つらい思いもした。
　小さなシアターでの公演の時、あるメンバーに「お前なんかトイレでメイクしろ」と言われた言葉を鵜呑みにして、本当にトイレでメイク。僕がジョークをまともに捉えてしまったのだ。
　ショーの後に開催されるレセプションでは、色々な人と話すチャンスなのに、今ひとつ英語が出てこなくて落ち込んだこともある。
　もっと話したいことがあるのにも関わらず、伝えることができないのだ。
　その時、すでにニューヨークへ来て数年経っていたのに。悔しいやら、情けないやら。こうしたことは日常茶飯事だった。

人生初のイジメ

　英語がわからないことは、僕に余計な感情を抱かせた。メンバー同士の会話で僕が話題に上っている時、悪口を言われているように聞こえるのだ。
　たとえ誤解であっても、確かめる術はなく、想像ばかりが膨らむ。僕は徐々に英語が聞きたくなくなってきた。悪循環だ。
　それでも、耳に入ってくる単語から、僕について「ヒロトはマイケル・ジャクソンボーイだから」と言っているのがわかった。
　入団して4年くらい経過していた頃だっただろうか。メンバーの間で僕が女性だと気づかれ始めていたのだ。
　そして、僕はイジメのターゲットになってしまった。メンバーが僕を無視するのだ。僕がいる前でも、「今ヒロトと口きいた？」と仲間内で言ったり。
　僕は彼らと違うからいじめられるんだと思っていた。だからといって、納得できるはずがない。彼らだってトロカデロの中にいたら、みんなゲイだからいいけれど、外に出れば差別を受けることもあるだろう。「違うから」という理由で冷たくされるつらさはわかっているはずだ。にも関わらず、僕のことをそんな風に扱うなん

て、「逆差別だな」と思っていた。もし僕が彼らだったら、他人を差別したりはしないと思うが、価値観は人それぞれなのだろう。

　僕はこういう生き方をしてきたけれど、イジメられたことはなかった。周囲の人に恵まれていたから、せいぜい、小学校時代に男子から言われた「オトコオンナ」くらいだ。大人になって、こういうイジメられ方をするとは、思ってもみなかった。

　そう、僕が受けたイジメは想像以上だったのだ。今だから言えるけれど、ツアーの際には毎回「もう辞める」と僕は思っていた。

　ある時はツアーに行く前、「空港に着いたらシカトされるのかな」と思ったら、手が震え始めた。そこで、トイレに鍵をかけて、携帯電話の電源をオフにして、ツアーをボイコットした。

　僕が抜けると代わりはいない。補う人がいないから、一人欠けるだけでとても大変になる。あれは「ざまぁみろ」だったな。

　僕のボイコットの後、彼らはナイスな感じに変わっていた。さすがにやりすぎたと気づいたのかもしれない。

イジメがあったのは事実だけれど、僕が過敏になり過ぎていた部分もあった。悪口に聞こえた会話が、実は僕をかばってくれていたことが、他の人から後になって聞いて、わかったのだ。
　「マイケル・ジャクソンボーイだから」には続きがあって、彼は「ミステリアスボーイじゃない？　それってカッコイイよね」って言ってくれたらしい。
　ところが、英語がわからない僕は、誤解して、みんなから悪口を言われていると思っていた。言葉がわかれば、僕の捉え方も違っただろうし、もっと楽に過ごすことができたのかもしれない。
　それと嫌だなと思った時に、はっきり拒否反応を示すべきだったと思う。例えば皆が休憩している時に、バカ真面目にストレッチを延々と続けていた僕は、「バーカ！」と言われた。そこで「そっちこそバーカ！」と返せていれば、向こうも笑って終わりになったかもしれないのに、僕は無視をしてしまった。からかった相手に無視されたり、抵抗されなかったりすると、余計にエスカレートするものらしい。当時の僕に教えてあげたい。
　イジメのターゲットは次々と変わった。ターゲットに

なる人の共通項は、一緒に悪口を言わない、正義感が強い、トロカデロのノリとは違う普通のゲイなど。「一緒に悪口を言わないから」なんて、まるで小学生みたいだ。

僕はイジメる側に回ることはなかった。むしろ、ターゲットになってしまった人と仲良くしていた。そうした人とは今でも親しく付き合っている。

そして、ころっと変わるのも彼らの常だった。当時は日本でのツアーが2カ月で40カ所くらい。日本はトロカデロにとって、ビッグマーケットだ。

日本公演前には毎回「We need a Japanese」と言われた。日本人が必要だったのだ。

日本公演の間はみんな態度がいい。なのに、終わったら、ころっと変わる。自分が今よければいいのだ。

いろんなことがわかってきた僕は、諦めることも覚え始めた。そして、僕には舞台がある。「僕は友達を作るために入団したんじゃない。バレエを踊るため、ダンサーとして極めるためにいるんだ」と自分に言い聞かせていた。プロのダンサーとしての誇りは僕を強くいさせてくれた。

メンバーみんながエンターテイナー

　舞台裏でのもめごとはたくさんあったが、彼らの舞台は素晴らしかった。それは、僕が初めてトロカデロの公演を見た時と同じだ。
　全員が輝いていて、お客さんを魅了し、幸せな気分にさせる。ステージの外でもファンサービスを怠らないし、世界中にいるファンを大切にする。
　長いツアーに出れば、疲れも溜まるし、気分がダレる時だってある。そんななか、モチベーションを高く保ち、一回一回のステージで常にベストを尽くすのは、至難の業なのだ。それがプロなのだけれど。

　舞台裏もある意味、彼らにとってはステージ。役になりきっていく様子もとてもドラマチックだ。
　鏡を見ながら、いちいち「ビューティフル…」とつぶやいたり、ため息をついたりして、自身でメイクをしていく。少しずつ女に入って、役になりきっていくのだ。
　普通、女性だったら、メイクするのにそこまで入っていかない。彼らはそうやってテンションを上げて、舞台に向けてエンジンをかけていくのだ。
　そして、カツラをつけて歩く。それもわざわざ人のと

ころに来て！　みんな自分が一番美しいと思っているから、脚を片方上げてみたり。目が合った時には「アハーン」と僕にセクシーなポーズをとってみたり。

　必要以上に「男らしく生きたい」と思っている僕が、自分よりも遥かに女性らしい彼らの中で毎日のように「女らしさ」を学ぶことになるなんて、本当におかしな話だ。

　ゴージャスな女性を演じている彼らを見ると、自分のテンションも上がった。ステージと同様、トロカデロは人を楽しくさせる世界なのだ。

　でも、僕自身がそう思えるのには4、5年かかった。多分、僕が彼らと同じじゃないとか、バレないように気をつけなくちゃいけないという、後ろめたさがあったからだろう。もしかしたら、カミングアウトした方が良かったのかもしれないけれど、その時々の自分の選択は間違っていなかったと思う。

日本人ダンサーとして

トロカデロのバレエはクラシックバレエの踊り方だけではなく、アレンジを加えて、お客さんを楽しませる。バレエの基礎は完璧にベースとしてあり、トロカデロ的なエッセンスが加わるのだ。

僕はディレクターに、バク転を取り入れてみてはどうかと提案した。それまで、ステージで側転は行われていたが、バク転はなかったのだ。

僕が試しにバク転をしてみせたら、メンバー達は「ヒュー」と口笛を鳴らして褒めてくれた。そういう時の彼らには嫉妬心はなく、純粋に褒めてくれる。プロとして相手を称え、ストレートに感情を表現するのは彼らのいいところだ。

僕の案は採用されて、僕はステージでバク転を披露した。僕がチュチュを着てバレエでバク転！ 器械体操をやっていた、あの頃の僕が見たら、びっくりするだろう。人生とは不思議なもので、思いもよらぬ展開がある。

入団から1年後には日本で公演。故郷の埼玉では、『白鳥の湖』やソロの作品『リボン・ダンス』を踊った。家族や親戚、友人らが観に来てくれて、とても嬉しかっ

た。母に親孝行できたかな、と初めて思った。

日本の公演では、その時に流行っているネタを取り入れてみたり、歌舞伎の見得を切るポーズをとってみたりと、アレンジも加えた。

日本でのトロカデロの人気は高く、僕が入団していた時期は最盛期だった。たくさんのお客さんが公演に足を運んでくれて、トロカデロ初の日本人ダンサーである僕は、抱えきれないくらいの花束をもらった。

日本のマスコミからの取材もたくさん受けた。嬉しいことではあるけれど、取材を受けることはリスクも伴う。昔と違って、僕はマッチョになっているし、この頃、すでに名前は「名取寛人」を名乗っていた。でも、テレビを見ている人の中には、僕だと気づく人もいるかもしれない。

家族もインタビューを受けたが、性別のことがバレないように、言葉を選んで話してくれていた。家族には心配をかけたと思う。

舞台の魅力

　ツアーは年に150回くらいで、長いツアーは2カ月くらい。飛行機に乗って長時間の移動は疲れるし、旅先ではホテル暮らし。日本食が恋しくなる時も多かった。

　それでも、舞台の魅力には抗えない。

　観客席からのスタンディング・オベーション、拍手の嵐、舞台袖からのメンバーのエールに支えられ、この仕事をやってよかった！　と心から感動する瞬間がある。

　アンコールが終わり、幕が下りてからも舞台に残り、ダンサー同士が「ありがとう！」と抱き合う瞬間もとても好きだった。

　僕らは自分自身と戦いながら舞台の上で精一杯輝こうとしていた。舞台人として存在するために。

　そして何よりも嬉しいのは、僕たちの思いが観客に伝わっていることだ。

　それがあるから、どんなにきつくても最後には心から「ありがとう」と言える。こんな気持ちになれるのも、スケジュールの過酷なトロカデロにいるからなんだと思った。

　楽日（ツアーの最終日）の充実感はなんとも言えないものだった。

楽日のステージが終わると、楽屋でメイクを落とし、荷物のパッキングをしながら「Let's go back home！（家に帰ろう！）」と替え歌を歌ったりなんかして。
　もうすぐ、家で好きな音楽を好きなボリュームで聴いて、自分のベッドでゆっくり眠ることができると思うと嬉しくてたまらなかった。
　素直な気持ちになり、何かを乗り越えたような自信も持てる。そして仲間に感謝することができる。
　ケンカをしたり、イジメもあったりするけれど、いいことも悪いことも、同じ気持ちを共感できる仲間がいるのは、幸せなことだし宝物だと思っていた。
　とはいえ、再びツアーが始まると、それどころではなくなってしまうけれど。

初めての海外ツアー。メンバーと共に

ジャパンツアーでのリハーサルの様子

劇場がすばらしかった。歴史を感じたロシア公演にて

ザ・マッチョ！

人生最大のピンチ！

　膝の痛みや違和感は27歳の頃、ショーパブで踊っている時から始まっていた。

　でも、毎日踊ることが楽しくてその膝を治すこともしないまま踊り続けていた。

　その後、ニューヨークでバレエを始めてからは、膝の使い方などを理解したこともあってか、痛みを感じないくらい回復した。

　でも、トロカデロに入団して、年間150公演以上をこなすようになり、次第に痛みの出る間隔が短くなってきてしまった。

　そうじゃなくても、代役のいない公演に出演するために、メンバーのほとんどが痛み止めを飲みながら笑って踊っていた。

　それでもダンサーは踊ることが好きでやめられない。僕もそうだった。ステージで踊っている際の一瞬のライトや客席からの拍手…それだけのために生きることができるほど、ダンサーの思いは切なく純粋だ。

　ツアー生活も5年目に入った頃、膝の痛みが限界に達した。それでも、踊りたかったし、ポジションに穴をあけることが嫌だった。しかし、どうにもならない痛みで

膝の手術を受けることにした。

　そんな時、中国公演の前に、ディレクターが突然僕に言った。「中国のプロモーターがヒロトのパスポートに問題があると言ってるんだけど」

　ついにその日が来てしまったのだ。

　入団以降、パスポートに記載されているF（FEMALE＝女性）とM（MALE＝男性）の表記について、いつか指摘されるのではないかとヒヤヒヤしていた。

　トロカデロは「男性だけのバレエ団」をキャッチフレーズにしている。もし、僕が女であることがバレたら、クビになるかもしれない。そんな思いが、常に僕の頭の片隅にあった。

　でも、入団して5年も経ったこのタイミングとは…。

　カンパニーにもコメディバレエにもやっと慣れて、一番楽しい時に「F」と「M」の違いで、トロカデロでのダンサーを諦めることはできなかった。

　なぜなら、この身体で男並みの動きをしてきたという自負もあったからだ。

性別適合手術を受けることを決意

ディレクターは僕に、パスポートの記載を訂正しないとカンパニーには戻れないと言った。

ディレクターが以前から気づいていたのか、それともこの時に気づいたのか、真相はわからない。彼は「何かのミスだと思うから、日本に帰って直してきて」と言った。

もちろん、それに対して「どうして？」とは思わなかった。「男性だけのバレエ団」がキャッチフレーズのカンパニーなのだから。

僕は母に国際電話をかけた。いつかバレるんじゃないかと思っていたこと、これが理由で辞めたくないことなどを母に伝えた。僕より踊りが上手い人が入ってきたから辞めさせられるのならいい。

しかし、理由が性別なのは納得できない。

僕はニューヨークへ来てから、男女関係なく、実力でやってきた。これで辞めるのは嫌だった。

母は「覚悟はできてるんでしょう。もういいよ」と背中を押してくれた。

僕は性別適合手術を受けることを決めた。20代の頃から、「いつか受けるだろう」とは思っていたが、この

出来事で決心がついた。

パスポートの記載を女性から男性へと変えるには、戸籍を男性に変更することが必要。そして、現行の法律においては、戸籍を男性に変更するために、性別適合手術を行わなければならない。

僕は将来、男として女性と結婚もしたいという思いがあった。そこで、僕はカンパニーに残るためだけではなく、結婚のことも考えて性別適合手術を決意したのだ。

ここで戸籍の性別の変更と性別適合手術について、僕の考えを伝えたいと思う。

戸籍の性別を変えるためには、性別適合手術をすることが必要。これは2003年に施行された「性同一性障害者の性別の取扱いの特例に関する法律」で決まっている。

この法律について、身体に負担をかけることを国が強いるのは人権侵害ではないかと訴えた人がいる。

僕自身は、いつか受けたいと思っていた手術を受けるきっかけになった。逆に、本人が身体を変えたい場合は、違和感のあることを解消しないと、たとえ戸籍の性別を変えたとしても解決にはならないのかな、とも思うのだ。

でも、人によっていろいろなケースがあるだろうから、できるだけ身体に負担をかけずにすむに越したことはないとも思う。
　ただ、性別を変えるということは、そこまでの覚悟があって許されることなのかもしれない。
　僕は今の身体になりたくて手術を受けて、今の自分に満足しているが、人にむやみに勧めることもしたくない。
　性別を変えなくてもその人の個性の一つと捉えて、堂々と生きられる社会になれば、手術についても、もっと自由に選択できるようになると思う。
　そして、性別は2つではないということをもう少し理解してもらえたら、もっと広がる世界があると僕は思っている。

日本公演中に、はるな愛ちゃんと

性別適合手術で男性に

膝の手術を決めていた僕は、8カ月の休みを取って、性別適合手術も一緒に受けることにした。

それからの8カ月は、とてもめまぐるしかった。

まずはニューヨークで膝の手術を受けた。その後、ある程度歩けるようになるまで、性別適合手術の準備を進めた。毎日パソコンに向き合い、英語の辞書を片手に調べまくった。

僕が一番不安に思っていたのは、復帰にどのくらいの時間がかかるのか、以前と同じように踊ることができるのか、ということだった。何度も病院に問い合わせ、自分の思いを伝え、写真なども参考にして、アメリカで一番実績のあるアリゾナの病院を選んだ。

性別適合手術を受けるためには、満たさなければいけない条件がある。当時、アメリカと日本では同じだった。そして、日本での症例はまだ少なかった。

その頃、僕には付き合っている日本人の彼女がいて、手術を受けることについて、彼女にも相談した。その子は「しない方が不自然」と手術に賛成だった。

もう一人、手術について相談に乗ってもらったのは英

語が堪能な日本人の女友達。手術に関しては、聞いたことのない単語や専門用語が多いため、その友達にドクターとの事前のやり取り、アポイントメントを手伝ってもらったのだ。

手術について、そして僕の性別について明かしたのは恋人である彼女とその女友達、2人だけだった。

手術前日は、病院の寮で待機。その病院には男性から女性への性別適合手術を受ける人もいた。

僕が知り合った年配のアメリカ人の男性は、「もう子育ても終わって、これからの人生は好きに生きる」と言っていた。

「明日からは顔も性別も変わって別人になるのよ」と手術を楽しみにしていた。そして僕はというと、前日に何を考えていたのか、なぜかまったく思い出せない。

そして手術当日を迎えた。手術の内容は女性の生殖器の除去と男性器の形成だ。僕の場合は通常よりも手術に時間がかかった、と後で聞いた。

目覚めた時は真っ暗な病室。手術のためにニューヨークから来てもらっていた女友達から、すべてうまくいったことを聞いた。
日本も同じだが、手術については細かい説明を受けて、承諾書などにサインしなくてはならない。
彼女は先生が言ったことを日本語に訳して伝えてくれて、手続きを手伝ってくれた。
いろいろな人の力を借りて、僕は無事に手術を終えることができた。
彼女がニューヨークに帰った後、僕は暗い病室に一人残された。
しばらくは麻酔のせいでぼんやりとしていたが、夜中ずっと下腹部の痛みに襲われて、30分おきにナースコールを押して、看護師さんを呼んだ。
自分の身体にメスを入れることの重大さを感じた。
24時間痛みに襲われるのは本当につらい。その後も痛みは1週間くらい続いた。
「健康な身体にこんな思いをさせていいのか」と不安な気持ちにもなった。

手術を決意する前、ダンサーとして、性別を超越したアーティストになるんだったら手術する必要はない、と僕は思った。そうではなく、僕は男になりたかったから手術を決意した。
　手術を受けることは、身体の面でリスクを背負うことでもある。万が一、踊れない体になってもしかたがない。そこまでの覚悟を持って、手術に臨んだのだ。
　痛みに苦しみながらも、これからは普通に「男」として堂々と生きていけると思うと、今後の人生が楽しみで幸せな気分だった。

　その後、病院に付属している宿泊施設へ移動。
　経過は順調で、無事におしっこができた時はホッとしたことを覚えている。
　その後、ニューヨークに戻り、空港からは車いすで自宅に戻った。

トイレの話

　このあたりでトイレの話をしておこう。僕が女子トイレと男子トイレのどちらを使っているのか、疑問に思っている人がいるかもしれない。
　中高時代は、トイレが男女兼用だったら良かったのに、と思っていた。
　そんな僕が初めて男子トイレを使うようになったのは、JACにいた頃だ。この頃は一緒にいる人によって、女子トイレの時もあれば、男子トイレの時もあった。
　そして、最初に夜の世界で働いた「男装の麗人」の頃から、見た目が男性っぽくなったこともあり、普通に男子トイレを使うように。女だとバレることもなく、特に嫌な思いをすることもなかった。
　嫌な思いといえば、「金魚」に勤めていた頃、年配の男性のお客さんから、僕が男女どちらのトイレへ入るのか、興味本位から覗かれそうになったことくらいだ。
　ニューヨークへ来てからは、周囲の人は僕のことを男だと思っているから、男子トイレへ行くのは当然。知っている人がいないというのは楽だった。
　今さら「どっちに入るの？」なんて聞く人はいない。でも、立ちションはできないから、常に個室に入らなく

てはならない。

今なら男性も座って用を足す人が少なくないが、その頃は小であれば男性用の小便器を使うのが一般的だったのだ。

そのため、僕は毎回「腹を壊しちゃったよ。あ〜、腹が痛い」などと言いながら、個室を使っていた。

そんなことを言わなくても良かったのに、と思う。気を遣いすぎていたのだ。それでも当時は当たり前だと思っていた。

そして性別適合手術後、僕はずっと憧れていた立ちションをした。便器を離れると水が自動に流れて、「あぁ、こういう風になってるんだ」と妙なところに感心した。

トイレは社会生活を営む以上、国に関係なく、ついて回る問題だ。

将来は出生の性別ではなく、自認する性でトイレを選べる日が来るのかもしれない。

早く日本にもそういう日が来てほしいと思う。

戸籍もパスポートも「男」に

ニューヨークに戻ってからも、傷口の痛みは2週間くらい続いた。病院で診てもらったのだが、最後にはニューヨークにある性別適合手術を行っている病院へ行くように言われた。

付き合っている彼女は、そんな僕を側で見ながらどうすることもできず、大変だったと思う。

そして、ようやく痛みが消えた頃、僕は戸籍の性別記載を変更するために日本へ帰国した。

性別記載を変更するには定められた事項がある。それらを満たした上で、家庭裁判所で審判を受ける。そこで認められれば、性別記載を変更できるのだ。

「金魚」時代の友達が、僕の帰国前に家庭裁判所から書類を取り寄せてくれていたこともあり、法的な手続きはスムーズに行えた。ついに僕は、「男」になったのだ。そして名前は正式に「名取寛人」に。

当然のことながら、僕が男になったことは兄にも伝わった。兄は「どうやって扱えばいい？」と母に尋ねたらしい。「いつも通りでいいんじゃない」と母は答えたそうだが、兄の心境も複雑だったのだろう。それでも、兄は面と向かって僕に何か言うことはなかった。

それはおばあちゃんも同様だ。随分後になって、「テレビで見たよ。お前みたいなのを"おなべ"っていうんだろ？」なんて言っていた。

そもそも僕は親や家族に、いわゆるカミングアウトをしたことすらない。

僕の家族は、僕が幼い頃から、性別に関して押さえつけたり、強制したりすることはなかった。かといって、妙に気を遣われたこともない。

成長の過程においては、母も思うところがあったようだが、それも後になって聞かされた。おそらく、少しずつ理解を深めてくれたのではないかと思う。

性別適合手術についても、母の言葉が背中を押してくれたようなものだ。家族の理解がなければ、叶わなかった。

性別適合手術、そして戸籍の変更。パスポートの性別も男性に変わった。これで僕は、性別の悩みと決別した。

トロカデロ・デ・モンテカルロバレエ団を退団

　問題となっていたパスポートの性別記載を変更し、グリーンカード（アメリカ永住権）もすんなりと取得することができた。

　復帰後、最初の公演は日本だった。僕はその次のオーストラリア公演は休むことを決めており、日本で仕事を入れていた。

　通常、1公演休むことは珍しいわけではなく、他のメンバーも同様に休みをとったりしていた。ところが、僕に対して、ディレクターが、オーストラリア公演に参加しなければ、辞めてもらうと言い出したのだ。

　そして、次の公演から戻ってもいいけれど、正規雇用ではなく、パートタイムのダンサーとしてなら参加していい、と言うのだ。

　つまり、ディレクターは僕に「自分の言うことを聞かないとこうなる」と主張しているのだ。陰湿なやり方に腹が立った。

　パートタイムになると、以前と同じように働いても、保険がカットされて給料も減ってしまう。労働条件が極端に悪くなるのだ。

　すべてをクリアして、トロカデロで問題なく踊り続け

ることができるはずだったのに、僕を取り巻く状況は思いもよらぬ方向へと変わってしまった。一難去ってまた一難、とは正にこのことだ。

　トロカデロで踊ることにこだわっていたけれど、この一件で嫌になってしまい、辞めることを決意。次の仕事が決まっていなかったため、それから半年間は結局、パートタイム・ダンサーという立場でオーストラリア以外のツアーを回った。

　そして、トロカデロを辞めて約半年後、僕は日本に帰国した。

　ニューヨークにはそれまで付き合っていた日本人の彼女がいたのだが、帰国を機に終わりを迎えた。「僕が先に帰国して基盤を固めてから帰ってきてほしい。いつかスタジオを作るつもりだし、待ってるから」。そう彼女に告げたのだけれど、「日本に帰るつもりはないから」という返事だった。

　7年間の付き合いがあっけなく終わった。僕は2カ月間落ち込み、仕事も何も手につかなかった。

　その彼女とも今は良いバレエ仲間だ。彼女はニューヨークで結婚し、バレエカンパニーで活躍している。

日本帰国後は"浦島太郎"状態に

　29歳の時にニューヨークへ来て、38歳で日本に帰国した。

　そして、東京で一人暮らしを始めた。

　これが何だか変な感じで、なんとなくホームシックの気分だった。ニューヨークでの生活がまるで夢か幻だったかのように感じながら、東京での現実を必死に受け止めようとしていた。

　僕の日本での生活は、ニューヨークへ渡った9年前で時間が止まっている。久しぶりの日本では、日常生活がいかに便利になっているのかを感じた。日々、小さなカルチャーショックの連続だったのだ。

　同じ都会でもニューヨークと東京は違う。電車の中や道路で歩きながらリンゴやパンを食べる人は東京にはいない。東京ではみんなが小綺麗な格好をして、ブランド物のバッグを持っている。

　アメリカでの生活にすっかり馴染んでいた僕は、生まれ育った国にもかかわらず、日本で生活のペースをつかむのが難しいと感じていた。

　違和感は日々の生活だけではなく、ダンサーの仕事においても同じだった。

いろいろな人が声をかけてくれて、帰国する前から、日本の舞台では踊っていた。けれど、帰国してからの僕は、日本でダンサーとしての自分の立ち位置がつかめなくて、戸惑ってしまった。

日本で踊っていた時にショーパブの世界しか知らなかった僕は、日本のショービジネスがどのようなものなのか、まったくわからなかったのだ。

帰国後間もなく、舞台「ダンス・シンフォニー」で西島数博さん、新上裕也さん、東山義久さんと一緒にメインダンサーとしてステージに立った。

一緒に舞台をやらせてもらったのは、とても光栄であると同時に、どこかで彼らに引け目を感じていた。表舞台で積み重ねた人達と同じステージに立つことに、自分がついていけなかったのだと思う。

仕事をする上で、日本的な物の考え方にも、ついていけなくなっていた。ニューヨークでは自分を主張するのが当たり前。主張しなければ、埋もれていくだけ。シビアな世界で生き残ることはできないのだ。

僕がニューヨークで一緒に仕事をしたメンバーには、

「他人に合わせる」という感覚なんてなかった。

当然ながら、その場の空気を読むことなんてしない。僕も彼らと同じように、ようやくそうしたことができるようになっていたのだ。

ところが日本では、空気を読まないと「KY」と言われる。ギャラを聞くのも憚られるような雰囲気が漂っていることもあった。自分のギャラすら聞けないなんて、おかしな話だ。KYって何だよ！　僕は憤りを感じた。

人間関係にも戸惑いを覚えた。たとえば、日本では舞台が終わった後も、コミュニケーションを深めるためにメンバーと飲みに行くのは普通のこと。

一方、アメリカはもっとドライだ。仕事は仕事、プライベートはプライベートとはっきり線引きがされている。そのあたりの割り切りは見事だ。

「ニューヨーク帰り」に過剰な反応をされることもあった。ある舞台の練習では、僕が「ニューヨークではこういうダンスが流行っているんですよね」と言ったところ、演出家から露骨に嫌な顔をされたこともある。自慢する気なんてさらさらないし、舞台をより良いものにしよう

と思って言ったことなのに。

　そして、ニューヨークではただ「ダンサー」として踊ることができていた僕は、日本のショービジネスの世界にどうしても馴染めなかった。

　たとえば日本では、チケットを売るためには、ダンサー自らも動かなくてはならない。そんなことは当たり前だという人もいるだろう。今の僕なら理解できる。でも当時は、ただダンサーとして踊りたかった。

　こうした些細なことの一つひとつが重なって、日本でダンサーをすることに限界を感じ始めていた。馴染めないだけではなく、理解不可能なことも多かった。

　日本ってこうだったんだっけ？　と僕はまるで「浦島太郎」状態だった。

　そして僕は、舞台が嫌になってしまったのだ。

　舞台に立つことが何よりも好きで、自分のアイデンティティーだと思っていたのに。この頃の僕は、次の目標だと思っていた日本でのダンサーの仕事に情熱を持てず、自分を見失いかけていたのかもしれない。

男になったけれど

性別適合手術を受けて男になり、戸籍を変える。ずっとなりたかった男として、名取寛人と名乗り、生きていく。そうすることで、何かが大きく変わるのだと思っていた。

ところがアメリカにいる時も、日本に帰国してからも、拍子抜けするくらい、何も変わらなかった。

楽になったこともたくさんあるけれど、結局は自分の中の問題だった。

手術を受けて戸籍を変えたからといって、自分の気持ちが変わらないとどうにもならないことがある、と気づいたのだ。

帰国後に知り合った人に、自分が元女性であることを明かさなかった。つまり、僕は手術する前と同じように自分の性別について本当の部分を隠していた。そもそも、言うタイミングもなかったのだけれど。

身体的に男になったし、法律的にも男になった。それでも、元女性だと明かさないことは、本当の自分を偽っているような気がした。それが罪悪感となり、心の中でモヤモヤしていたのだ。

隠し事があることによって、トロカデロで初の日本人

ダンサーとしてキャリアを積み上げたにもかかわらず、自分の中で何かが引っかかっていた。

　男と女では、体力的な問題や筋力に違いがあることは避けられない。

　普通の職業ならまだしも、身体で表現するダンサーの僕は不利な立場だと思いながらも、男性の中に紛れて、ずっと踊ってきた。

　ショーパブの頃からトロカデロ時代まで、僕は男の中で一人だけ女だった。肉体的な差を僕は努力でクリアしようと必死に練習してきた。

　そうすることで、自分の身体に負荷をかけ、鞭打ってきた。その歪みは、年齢を経て身体に現れるようになった。膝を痛めたこともその一つだ。

　くすぶった思いを抱きながらの、日本での新生活。これまでとは違う日本のショービジネスの世界に馴染めなかったのは、自分の中でまた吹っ切れていない部分があったことも関係しているかもしれない。

熊本でのワークショップ

トロカデロで踊っていた2006年8月、知人の女性が企画してくれて、熊本の人達にバレエを教えるワークショップを初めて行った。子どもから大人まで、年齢層の幅は広かった。

「教える」ということに、初めは少し緊張したけれど、だんだん子ども達にも慣れてきて、とても楽しかった。

僕がビックリしたのは、子ども達の覚える速さだ。僕の説明をしっかり聞いて、素直にその通りにやろうと一生懸命にやってくれる。子ども達から僕が学ぶことは多かった。

トウシューズを履いて爪先で立つ「ポワントクラス」では、初めは怖くて膝が曲がっていた子も最後には恐怖心との闘いに打ち勝って、膝を伸ばして立てるようになっていた。

子どもだけでなく、大人のクラスでも、たくさんの人との出会いが楽しくて、「教える」ことの喜びを感じた。

熊本はこの年以降、毎年訪れてワークショップを行っている。

一年経つと、子ども達はグンと成長する。大人びて恥ずかしがるようになる子もいた。僕は「照れてる場合じ

ゃない！ バレエをやるしかない時間なんだよ」と言って、きっちり向き合うことも教えた。

　そうすると、数年前がむしゃらにバレエをやっていた頃の顔がチラホラと現れてくる。そんな彼らの成長ぶりを感じるのも楽しかった。

　彼らの姿は、自分が子どもだった頃やバレエを始めた当時を思い起こさせた。

　子どもの頃、テストの点数が悪いと、母に「やればできる子なのにやらないんだからしかたない」と言われ、成績がいい時も「やれば、できる子だったでしょ」って言われたっけ。

　そうだ、僕はやればできる子だったんだ、と思ったりした。

　できないことは向いていないわけではなく、やっていないだけ。がむしゃらになってやればできないことはないんだと、数十年前に母が植えつけた言葉がはっきりと蘇ってきた。

　トロカデロでは舞台の後、できなかったところを何度も何度もディレクターに「もう一度、もう一度」と言って練習をお願いしていた。

僕に初めてバレエを教えてくれたジャンにもそうだった。僕はそういう風にしてバレエを身に付けてきたんだった。

子どもの頃、母にそうやって教えられ、大人になって恩師達に指導を受けて、僕は人にバレエを教えるようになったのだ。

これまで、僕の人生とキャリアに大きな影響を及ぼしてくれた人達がいる。今度は僕が逆に誰かの人生に関わることになるかもしれない。

僕は「先生」と呼ばれる立場の人間ではない、と思っていた。人に何かを教えることが苦手だったからだ。

そんな僕からバレエを学びたいと、頑張っている人達との出会いはとても良い刺激だった。

初めてバレエを教えたワークショップ

バレエクラスで教える

僕は一生現役でいたいから、先生にはならないと思っていた。自分は帰国して、ダンサーとして食べていけると思っていた。

でも、日本ではダンサーだけでは食べていけないということも、十分すぎるほどよくわかった。

舞台に立つことがイヤになってから、僕は週2回くらいレッスンのクラスを持って教えていた。これまでの人生では常に目標を掲げて、そのために努力してきたが、この時は目標としていることはなかった。

「舞台って何だろう」とか、そんなことばかり考えていた。

ある日の夕方、スーパーの買い物袋を持って歩いている時に「この時間に何をやってるんだろう？」と無力感にとらわれた。しかもその時、歩いていた陸橋から飛び降りたくなったのだ。

精神的にかなりダウンしていたのだろう。そんな僕に喝を入れたのは、母だった。

お正月に実家に帰った時、僕は悩んでいた。母も気を遣って、三が日が終わるまでは放っておいてくれたのだが、ついに我慢の限界だったらしく「立場と

かプライドとかはもう捨てて、格好悪くてもがむしゃらにやりなさい」と僕に檄を飛ばした。

「ニューヨークでの9年間、そうやってやってきたよ！まだやらなきゃいけないのかな」と僕が言ったら、母は「それがお前の選んだ人生なんだよ」と。

またしても母に背中を押された。僕はスポーツクラブやチャコットなどでクラスを持った。僕のクラスは人気が出て徐々にクラスが増えていき、多い日には1日4コマも教えた。

教え始めた頃は、自分自身に踊る気はなかったけれど、レッスン中のみんなのひたむきな姿に心を打たれた。

クラスを受けている時間以外は、おそらくOLとして働いている女性、そして主婦や学生など、生徒には様々な人達がいた。彼女達は本当に一生懸命にクラスを受けて、僕との1時間半を大切に使ってくれていることが伝わってきた。

僕はレッスンを通じて、色々な人と出会い、その中でたくさんのことを学んだのだ。

僕が初めて人にバレエを教えたのは2006年。トロカデロのツアーがない時に日本に帰国して、「Hiroto's

class」というワークショップを行った時だった。

　ワークショップでは、年配の女性が限られた少ない時間の中で、汗をかいて全力投球でバレエを踊っていた。「この人はプロダンサーになるわけでもないのにどうしてこんなに頑張ってるんだろう？」その時もそんな風に感じたのを覚えている。

　あれから約1年が経ち、僕は思った。今まで「プロ」や「舞台人」にこだわり過ぎていたのかもしれない。もちろん、そのこだわりは、僕の心の軸にはある。しかし、僕は今後「プロでいるために、今まで以上に時間を大切にして、自分を磨いていかないといけない」。そう思った。「先生」と呼んでくれる生徒達を裏切らないためにも。

　日本に帰国して、ここでのライフスタイルをつくるために「今、目の前にあることにベストを尽くす」をモットーに必死になった。

　そして、新しい目標や、やるべきことが見えてきた。

来日公演の時、母に髪をグレーに染めてもらった！

カミーノ巡礼の旅へ

プロとして、人に教えるという道に進むことを決めた後、一つの区切りとして、以前からやってみたかったことをすることにした。

それはキリスト教の聖地、スペインのサンティアゴ・デ・コンポステーラへの巡礼の旅（カミーノ巡礼）だ。

フランスからピレネー山脈を越え、スペイン北部を2週間かけて歩くという、ハードな旅。

僕が旅を好きな理由は一つではないけれど、知らない大地を踏みしめ、空気を吸い、景色を見る。その感覚を確かめてる自分がここにいる！ ということを実感したいからだ。

そんなシンプルなことが、僕にはとても重要なことなのだ。

トロカデロ時代、世界中を旅してきた時は、自分がここまで旅好きなことに気づいてなかった。トロカデロでの6年間は舞台に関わることだけではなく、旅好きな自分を気づかせてくれたのかもしれない。

巡礼の旅に出る前、僕の心の軸にはやりたいことが揺るぎなくあった。だからこそ、今はまだいない自分を掘り下げて探してみようと思ったのだ。巡礼の旅はそんな

自分に会える気がしていた。

そして、実際に新しい自分に出会うことができた。
あれほど英語が苦手で、嫌な思いをした僕が、フランスでドイツ人やカナダ人と一緒に、コンプレックスをまったく感じずに会話していた。自分がどこにいて、何語を話しているのかも忘れてしまうほど、楽しい時間を過ごした。

スペインでは英語がペラペラの韓国人の年配の女性と宿の部屋をシェア。彼女は「あなたのウォーキングは素晴らしいわ‼ とても聡明な男性ね」と言ってくれて、嬉しかった。

山の道は想像以上に厳しく、雨が降ったり晴れたりの繰り返しの中、延々と続く山道を登り、足場の悪い暗い森の中を下って、11時間歩いた日もあった。山道をゼイゼイ言いながら登っていると、数人の老人グループに抜かれることも。僕より元気そうでしっかりとした足どりに感心した。

朝日を浴びながら、空気の澄んだ道を思いっきり深呼吸しながら歩くと、心が洗われているのを感じた。

そして、旅にアクシデントは付きもの。途中から足の調子が悪くなり、3日間も宿で休んだ。立ち止まることは僕にとって意味がないようにも思えたけど、意味のない時間はない。目的地サンティアゴまであと半分というところで、旅をやめようかと悩んだ。

このまま半分で帰るのは残念すぎる。僕はバスを使ってでも目的地へ向かうことにした。

フランスを出発して14日後、「サンティアゴ・デ・コンポステーラ」に辿り着いた。やはり約800キロの道のりの終点は素晴らしかった！ ものすごい迫力で、まるで映画のセットでも見ているような、どこか違う世界に迷い込んでしまったような不思議な街だった。

そして、スペイン語で"地の果て"を意味する「フィステーラ」岬へ。普通なら1時間もあれば登りきる山を、足に気を使いながら2時間かけて、やっと地の果てに着いた。

スペイン最西端の地で目の前に大西洋が広がっている「フィステーラ」岬はとても力強く僕を迎えてくれた。一瞬、どうして僕がここにいるのか、僕は誰なのかわか

らなくなるほど、自分が小さくなった気がした。

　ここに辿り着いた旅人は、今まで着ていたTシャツや靴下など、身に着けていたものを燃やすと、人生がそこからまた新たに始まるという伝説がある。僕は靴下と旅の途中で歩けなくなった時にもらった忘れ物の杖を、持ち主の代わりに燃やした。

　燃やしながら、色々なことが頭の中をよぎった。この旅はその日に泊まるところも決めていない旅だった。

　それでも何とかなるものだな。普段の生活でもきっと同じことなんだ。決まっている安心感も大切だけれど、明日のことすら決まっていなくても、今日の予定をフットワーク軽く自分で立てていく。大変だけどそれも悪くない。

　肝心なことは、自分を見失わないで「今」を一生懸命に生きること。落ち着いていることなのかもしれない。行くべきところには必ず辿り着くものなんだ。炎を見ながら、僕はそう思った。

Hiroto's showはみんなが主役

　レンタルスタジオを借りて自分のワークショップで教えたり、教室で講師として教えるなど、多くの生徒さんと一緒に時間を過ごす僕の新たな人生が始まった。

　そのうちに、「僕ではなく、この人達を舞台に立たせた方がいいんじゃないかな」と思い始めた。

　プロを目指しているわけではない人が1日の中の限られた時間、一生懸命にバレエのレッスンをする。それはその人にとって最高に素敵な時間だ。

　その時間からは、プロにはない何か特別なものが出てくると思った。その頃、膝の痛みもあり、今後ダンサーとしてどう生きていくべきかを考えていた僕は「プロと名乗ってる僕が悩んでいていいのか」と彼らを見て反省すらした。

　そこでスタートさせたのが「Hiroto's show」。

　スタジオなどで行う発表会ではなく、生徒一人ひとりを主役として舞台に立たせるのがショーの目的だ。この人達を主役にさせたいと思ったのだ。

　僕自身、大人になってから舞台に立った人間だ。だから、大人からでも無理じゃないということをみんなに体験してもらいたかった。

そして、こうも思った。僕は日本に帰ってきて、今あるショービジネスの世界になじめなかった。だったら、自分でショーを作ってみよう、と。

　綺麗なものだけを見たいんだったら、有名なバレエ団の公演を見に行けばいい。

　ダンサーが舞台に立って観客に与えることのできる感動は、プロだけではない。プロにはプロにしかできないこともあるし、アマチュアにはアマチュアしかできないことがある。アマチュアだって真剣にバレエと向き合って人に伝えたいと思えば、アマチュアにしか湧き出てこない感動を与えることはできるのだ。

　ただ、僕は相手がアマチュアだからといって容赦はしない。半年間、ショーのためにレッスンをする。一切文句なし、が約束だ。

　最初に「Hiroto's show」を行ったのは、僕が42歳の時だった。舞台に立ったみんながキラキラ輝いていた。僕の想像通り、出ている人にも見ている人にも、全員にとって特別な時間となった。

結婚と家庭

　目標であり夢だった結婚。僕は44歳の時、結婚した。

　母に結婚すると告げた時、意外な反応が返ってきた。

「結婚は辛抱だよ。覚悟しているの？」と母は言った。これまで、進路に関してもニューヨークへ行くことを決めた時も、一切何も言わなかったのに、結婚だけは違っていた。

　そんな母の心配をよそに、僕は結婚した。彼女は離婚歴があり、前の旦那さんとの間にもうけた男の子の母親でもあった。

　僕は夫となり、同時に父親にもなったのだ。彼女は僕が女性だったことを知っているが、息子は知らなかった。僕と息子は実の親子のように仲が良かったし、彼女は僕を男として接してくれた。結婚して、子どもを育てることができて幸せだったし、自信にもなった。

　でも、何かがうまくいかなくなってしまった。

　僕は結婚生活で、「ありのままの自分」でいることができなかったのだ。

　今はこう思う。僕は母から「男とはこうあるべき」という男像を植えつけられていたのかもしれない。結婚後にも、母は僕にそうした話をよくしていたのだ。

父と離婚した後、母は女手一つで僕たちきょうだいを育てるために、必要以上に頑張らなきゃいけないと思って生きてきたのだろう。
　僕はそんな母のことを、大好きだし、もちろん尊敬している。でも母が抱く男像は、母にとってであり、僕には当てはまらなかったのだ。
　そして僕自身もまた、一般的な「いい夫」「いい父親」像を自分に重ねて、そういう男になりたかった。それが僕を追い詰めたのかもしれないと思う。

　結局、僕は結婚から約2年で離婚した。
　これまで、器械体操でもバレエでも、努力してクリアしてきた。しかし、相手のいる結婚は自分の努力だけではどうにもならない。
　離婚後、子どもとは良い関係が続いたが、それでも僕は自分を責めまくり、おまけに身体のどこもかしこも痛くて踊ることもできず、眠れない夜を過ごした。

新しいドア〜マイスタジオをオープン〜

「いい夫」「いい父親」になることを目標にしていたけれど、離婚して目標がなくなってしまった。

自分は何者なんだろう？　何にもなくなってしまった気がした。そして僕は、自分のために生きようと思った。

僕は一人暮らしのために新しい部屋を探し始めたところ、知り合いの不動産屋がたまたまスタジオ付きの物件を見つけてくれた。その時、離婚後で落ち込んでいた僕は、本当は自分のスタジオをオープンするような気力はなかった。

だがそれもまた必然の流れだったのだろう。周囲の人からもスタジオをオープンするべきだと強く勧められて、スタジオ付きの物件を借りることにした。

そして、2014年2月、僕は自分のバレエスタジオ「N ballet arts」をオープンした。ニューヨークから日本に帰ることを決めてから漠然と、将来は自分のスタジオをオープンしたいと思っていた。

けれど、離婚がきっかけでオープンすることになるとは。

表面的なことに流され、自分を見失ってしまったり、自分の進みたい方向がわからなくなってしまった時もあ

った。
　でも、僕はスタジオのオープンをきっかけに、自分のやりたい方向性や表現を思い出した。
　自分の体がつながって動いている瞬間、音痴な僕が音にバッチリ合って動くことができた瞬間、教えている生徒が少しだけ何かを掴み、目の奥が輝いた瞬間。
　膝や股関節が悪くなっても、まだまだ自分は表現ができることを知った時、趣味でバレエを踊っている生徒がスポットライトの中で、堂々と踊っている時。僕は奇跡を感じて心がワクワクして、諦めないで良かった‼　と思った。
　そして、僕の最も大切にしている軸が言葉になって飛び込んできたのだ。
「奇跡は守りからは起こらない。行きたい方向に攻めていく‼」
　僕はスタジオのオープンで「奇跡へのドア」を見つけたのだ。
　ニューヨークへ渡って、大きく人生が変化した。それはまるで奇跡のような出来事だった。
　でも、場所を移動することだけが新たな出発ではなく、

実はいつでもどこでも、「奇跡へのドア」を見つけることはできる。

このワクワクする幸せをたくさんの人と共有していけたらいいな、と心からそう思えるようになった。

スタジオについても、ただ教える場所というだけではなく、広い視野で捉えることができるようになった。

地域の人達が踊ることの気持ちよさを知るきっかけになったり、バレエの先生に憧れてた人のチャンスになったり、練習する場所がないダンサーや役者さん達のためになるかもしれない。

考えれば可能性は限りない。僕はアイデアをクリアにして、提供するだけなのだ。

日本舞踊をずっとやっている母が、スタジオで「浴衣着付け教室＋日本舞踊の会」を会員限定で無料で開催したこともある。少しだけ親孝行もできたかな。

大好きな「武田節」。日本帰国後、日本舞踊も習った

自分だけの夢を追う

　僕がダンサーになるという夢を叶えられたのは、人間関係に恵まれ、自分でも努力し続けたからだと思う。
　そんな僕にも、努力しても叶えられない夢があった。それは「男になること」だ。
　結果的には、僕は性別適合手術をしたし、戸籍も変えた。じゃあ夢を叶えることができたのかというと、それは違う。本当の意味では、「叶った」といえない。なぜならば、僕は僕であり、手術をして戸籍を変えても、違う人間になるわけではないのだ。
　性別に違和感のある人の中には、僕のように性別適合手術を受けることが夢という人がいるかもしれない。
　ずっと「男になりたい」とこだわり、悩んできた僕だから言うのだけれど、そのことを夢にするのではなく、一人の人間としての夢を大切にしてほしい。そこにこだわって時間をかけるよりも、限られた人生での時間を有効に使ってほしいと思う。
　そして、悩みすぎないでほしい。
　みんなそれぞれに何かある。人に言えない身体の悩みや持病があるかもしれないし、自分の顔が好きじゃない人、自分の性格がどうしても嫌という人もいるだろう。

この世にパーフェクトな人なんていないのだ。

性同一性障害もその一つだと考えてほしい。

真剣に悩む気持ちは痛いほどよくわかる。

僕だって「男なのか、女なのか」と常に自問自答を繰り返してきた。「男」か「女」かを考え始めるときりがなくなるので、その前に人間として認めてもらえる努力をしていこうと思い直してきた。その時どきの課題を必死に乗り越えてきたのだ。

悩みだけにフォーカスするのではなく、じゃあ今何ができるのかを考えていた。僕なりの悩まないための方法だったのかもしれない。

悩みすぎて、自分を追い詰めないこと。今の時代は僕の時代よりも情報が多いし、入手する手段もある。もちろんまだ足りないけれど、はるかに生きやすくなっているように思う。悩みに押しつぶされそうになったら、誰かに相談してもいいと思う。

そして、自分にないものばかりに目を向けずに、自分の持っているものにも目を向けてほしい。必ず、誰でも素敵な良いものを持っているはずだから、探してほしい。

本当の「ありのままの自分」って？

　僕は、気持ち的には「ありのまま」で生きてきた方だ。ただ、心と身体が異なるため、本来あるべき姿に近づけるために、ホルモン注射を投与し、性別適合手術を受けた。僕にとっては当たり前のことだった。いや、当たり前だと思うようにしていた、と言った方が正しいかもしれない。

　誰だってやりたいことや、夢があれば、実現させるための努力が必要。僕は常々そう思っていた。だから「男になりたい」僕がそのための努力をするのは当然だと捉えていたのだ。でも時には、「なんで僕だけが…」と悔しい気持ちにもなった。

　僕はずっと「ありのままの自分」とは「男性であること」だと思っていた。でも、違うと気づいた。

　過去に女性だったこと、現在に至るまでのすべてをひっくるめたのが「ありのままの自分」なのだ。

　過去の僕は、「男」か「女」か、「女だからこれは無理」「男だったらこうできるのに」とすべて分解して考えていた。

　分解することで物事を複雑にしてしまっていたのだ。

　そして、どうしようもないことだってある。

20歳くらいまで、いつか子どもを持ちたいと思っていた。その頃交際していた女性から、「私はいつか子どもがほしくなると思うから」と言われて別れたことがある。その時、初めて「死にたい」と思った。

そして僕は性別適合手術をして、自分の血を分けた子どもを持つことはできなくなった。手術前にそのことについて考えて、現実を受け入れた。

どうしようもないことやつらいこともたくさんあったけれど、それも「ありのままの自分」。

僕は「こうでなくてはいけない」と自分を苦しめていたように思う。器械体操をやっていた頃は、練習をすれば結果となって表れた。そうやって精神力を鍛えて、頑張ってきた。大人になっても同じだし、今も根本的には変わらない。

でも理想だけを追い求めるのではなく、一人の人間として自分をきちんと見つめられるようになった。難しいかもしれないけれど、自分を受け入れることが「ありのままの自分」を知ることではないだろうか。

自分のために言葉を紡ぐ

　僕は自他共に認めるバリバリの体育会系だ。努力、根性、気合いで人生を切り拓いてきた。悩みがあっても、頑張れば道は拓けると思ってチャレンジを恐れることはなかった。自分を支える「頑張る教」が身に染み付いているのだ。

　「どうやったらそんなに頑張れるんですか？」と尋ねられることがあるけれど、自分では当たり前だと思っているから、方法はわからない。

　振り返ってみて思うのは、言葉で自分を励ましていたことくらいだろうか。

　ニューヨークへ渡り、右も左もわからなかった頃から、ずっと自分の机に貼っていた言葉がある。

『決めたこと』
本当に自分がしたいことは何なのか？
結論を心にとどめ
横道に外れることなく
ゴールをめざせ!!

　あの頃は「わき目も振らず踊りのことだけを考える」

と決めていた。この言葉は決意表明であり、自分へのエール。自分で自分を励ましていたのだ。

　大人になってニューヨークでバレエを始めて、わずか1年半のレッスンでトロカデロに入団。我ながら有言実行だと思うけれど、この言葉を書いた時にはトロカデロに入団したいと思っていなかったし、バレエのレッスンすら始めてなかった。

　大事なのはその時、自分が何を考えているか。たとえ明確になっていなくても、自分がなりたい未来の姿を頭の中で思い描くことは必要だと思う。

　思い描いた後は、言葉にして書いてみる。そうすることで、自分の意識が自然とその方向へ向かうからだ。

　僕は日記に悩みを吐き出しながらも、自分を励ますため、目標を記したりもしていた。

　僕が頑張れたのは自分の言葉に支えられていたからかもしれない。

自分にとって都合の良い見方をする

僕は苦難だと思えることを、人生での糧へと変えてきた。ある時、「なぜだろう？」と思った。

そして、この本を書くにあたって、過去を振り返って思い出してみたところ、僕の物の見方が関係しているのかもしれないという考えに行き着いた。

嫌なことやつらいこと、悔しいことなどに直面した時、僕は常にいい面も見ようとする癖がある。別の言い方をすれば、自分にとって「都合の良い見方」だ。

中学生の時、どうしても女子の制服を着たくなくて、「じゃあ、ジャージを着よう！」と思ったのも「都合の良い見方」だったと思う。

「嫌だ」と思うだけでは、解決しないし、そこから何も生まれない。もちろん、僕が通っていた中学校が、当時たまたまジャージを着ることを許してくれたという好運もあるけれど。でも、やってみないことには、それがOKなのかNGなのかすらわからない。制服の一件は「都合の良い見方」をした上でのチャレンジだったのだと思う。

高校生の時は周りに馴染もうとしてみた。葛藤はあっ

たが制服も着たし、男子と交際らしきものも経験してみた。

　中学校時代の僕を知っている人がいないなら、違う自分も試せるという「都合の良い見方」をしたのだ。諦めに近い感情だった部分もあるが、そういう可能性も試せるとプラスに解釈していたのだと思う。

　全員男性のショーパブで踊っていた頃、たった一人の女性である僕には苦労が多かった。でも、この時も都合の良い見方をして、ダンサーとしてのモチベーションを高めるために、悔しさをバネにした。

　トロカデロではイジメにもあったけれど、「かえってバレエに集中できる」と自分にとって都合良く捉えた。そして、彼らの良い面を見ようとした。

　こうして挙げてみるとキリがない。

　物事には悪い面があっても、同じくらい良い面もある。悪い部分も自分にとって都合の良い見方をすることで、いい面を発見することができると思う。何かに悩んだ時、是非やってみてほしい。

「どうせ」を「じゃあ」に変えた人生

　やりたいように人生を歩み、ダンサーとしてキャリアを積み、思うように生きてきた。僕は人からそう見えるだろう。

　確かに、親や先生から進路や仕事について強制されたことはないし、人のために何か選択を強いられたことはない。すべて自分の意志だ。

　けれど、僕は常に自分に自信がなかった。それは自分が「男じゃないから」だった。

　体育会系で前へ進むタイプなのに、その部分だけが僕の「自信のなさ」になっていたのだ。

　子どもの頃は、ガキ大将になりたかった。実際にガキ大将だったけれど、「男の子のガキ大将」になりたかったのだ。それが叶うことはない。どうにもできないことなのに、叶わないから自信を持てなかったのだ。

　中学生、高校生の頃も同じ。はたから見れば、運動神経がよくて、器械体操のクラブで部長を務め、充実しているように見えただろう。

　学校内では人気があったし、先生からも一目置かれていた。

　でも、男子中学生にはなれないし、男子高校生にもな

れない。それが僕の自信を揺るがした。

　大人になってからは、男性と同じように踊って、ダンサーとしてのキャリアも手に入れた。でも、普通の男性ダンサーにはなれない。

　どんなに充実していても、僕は「違う、違う。僕は男じゃないんだ」と常に自分に言い聞かせていた。どうにもならない要素を引き出して、あえて「自信のない自分」をつくっていたのだ。

　そして今、「自信のない自分でいたかったのかもしれない」と気づいた。僕がここまでやってこられたのも、常に現状に満足していないからだったと思う。

　もし僕が普通の男子中学生、男子高校生だったら、あんなに器械体操を頑張れただろうか。

　もし男性ダンサーだったら、あんなに練習をして踊れただろうか。そして、アメリカまで行っただろうか。

　答えはノーだ。

　神様を恨んだこともあったし、母にあたったこともある。でも、性同一性障害じゃなかったら、僕はここまでやってこられなかっただろう。どうしても埋められない性別のことがあったから、それをバネにして、自らの可

能性を広げたのではないかと思う。

　もちろんその時々で悩んだし、苦しんだ。恋愛だって、普通の男性だったら別れの原因にならないことでも僕の場合は原因になるのだから。その時はどうしようもないとわかっていても、もがき苦しんだ。

　それでも今感じるのは、僕にしかできないことを成し遂げられた、という充実感だ。

　今、僕と同じように性別で悩み、自分に自信を持てないと思っている人がいたら、「どうせ…」と思ったり、ネガティブな方向に考えを向けないでほしい。

　自分次第で、ポジティブな方向に変換していくことはできるのだ。

　僕は意識したわけではないけれど、「どうせ…」じゃなくて「じゃあ！」と思って努力を重ねてきた。

　その結果、僕が手に入れたものは、人生でのかけがえのない宝物になったと思う。

　そして、僕がそれまでやってきたことが積み重なって、もう無理に"男"にならなくていいや、と思えた時から、本当の意味で自信が持てる人間になれたんだと思う。

日本公演中。TV番組で（右から2人目）

今とこれからの世代のために

　僕が10代だった30年前と比べれば、今はLGBT（レズビアン＜女性同性愛者＞、ゲイ＜男性同性愛者＞、バイセクシュアル＜両性愛者＞、トランスジェンダー＜出生時に診断された性と自認する性の不一致＞の人を総称して指す言葉）に対する理解が深まった。世の中は確実に進歩したと思う。

　でも、まだまだ理解は足りないと思うし、悩んでいる人に寄り添う社会の仕組みは決して十分ではない。

　2009年には、性同一性障害を同僚にカミングアウトした20代の会社員の女性が、会社から退職を強要されたストレスなどが原因で自ら命を絶つという、痛ましい事件が起こった。

　僕はこのニュースを知った時、その女性の気持ち、ご家族の心情を思って、とても心が痛んだ。

　僕自身はカミングアウトした相手は少ないし、相手の反応も好意的だった。みんながそうとは限らない。そのことを痛切に感じた。

　世の中が進歩したように思えても、現実は厳しい。カミングアウトすることはそれだけ難しいのだ。僕はやる

せない気持ちになりながらも、自分の存在を多くの人に知ってほしいと思った。

悩んでいる人には一人で悩んで、思い詰めなくてもいいということ、人生の選択肢を自らなくすことだけはしないでほしいと伝えたい。

そして、悩んでいる人の家族や友人、学校の先生、同僚には、僕がどのように生きてきたかを知ってもらうことで、少しでも理解や関心を深めるためのきっかけになってほしいと願っている。

自分が性別で悩むことを想像してみてほしい。もし君が女（男）なのに、今この瞬間から男（女）になってしまったら、何を思うだろう？　日常生活はどうなるだろう？

そんなふうに想像するだけでも、少しは気持ちを理解してもらえるのではないだろうか。

これからは「頑張らない」を頑張る

　繰り返すけれど、僕はこれまで頑張ることで夢を叶えて、前に進んできた。
　でも、最近は少しずつ変わってきている。
　悩みやチャレンジ、頑張ることを楽しんでいる時期は自分の中で卒業してもいいかな、と思っているのだ。
　最近の僕は、力を抜いて、頑張らない生き方を探すようになってきた。
　そのことに気づいた時、僕はニューヨークでジャンにバレエを教わった当初を思い出した。
　器械体操で培ったピンッと張った手脚の動きについて、「力を抜くことを頑張りなさい」とジャンは言った。
　身体の癖を直すのは簡単ではなかったけれど、僕は一生懸命レッスンをして、プロのバレエダンサーになることができた。
　今僕は生き方も「力を抜く」ことを自ら学んでいるのだ。人それぞれに生き方にも癖があり、僕の場合はがむしゃらに「頑張る」ことなのだろう。
　約20年前にバレエを習い始めたことは、身体やキャリアの面だけではなく、現在の僕の生き方自体にも大きな影響を与えているのだ。

バレエダンサーになったことも、すべて今に繋がっているとは、人生ってなんて上手くできているんだろう。点だった出来事が今の点と繋がって、線になったのだ。

人の「生き方の癖」を直すのは大変だ。僕にとって「力を抜いて」生きるのはそう簡単ではないだろう。

僕の次の目標は「頑張らない」を「頑張る」、とも言えるかもしれない。結局、頑張ることになるのが、我ながら笑える。

決して焦っているわけではないんだけれど、僕は人の10倍くらいのスピードで生きてきた気がしている。そのおかげでいろいろなことを経験できたし、自分をバージョンアップしてこれたけれど、スローダウンするのも悪くない。

このあたりで少し緩みを持って、周りをゆっくり見渡して、自分の心が何に喜ぶのかを追究してみたいと思っている。

今後の夢

　今僕がやってみたいと考えていることがある。

　それは、海外で日本のものを取り入れたショーレストランを作ることだ。

　具体的なイメージもすでにある。場所はニューヨークで、マンハッタンをバックにしてショーを行いたいのだ。メニューは、おにぎりとお新香とお茶だけ。ショーの内容だけではなく、細部にわたって日本らしい演出をしたい。

　最近は日本への観光客も増えたし、日本食は世界的なブーム。2020年には東京でオリンピックが開催される。

　日本への注目が高まっているからこそ、エンターテインメントでも世界をアッと言わせてみたいのだ。

　たとえばワビサビもそうだし、花魁もそう。でも、花魁には裏側にドロドロしたものもある。ただ綺麗なだけではなく、ちゃんとした世界観をショーで再現してみたいのだ。日本人ならではの繊細なセンスをうまくショーに取り込んで。

　日本に帰ってから、僕は日舞を習った。日舞で学んだことも生かせる時が来たと思う。エンターテインメントの世界はアメリカが主流だと思われているけれど、和風

ショーレストランのクオリティは世界で通用する。

僕自身、ニューヨークで暮らし、世界中で踊ってきて、日本の良さが理解できるようになった。

そして、日本人の良さも。アメリカでは人は貪欲に何かを得ようとする。日本人はもっと控えめで奥ゆかしい。そうした日本人の美点もエンターテインメントの世界で活かしたいと思う。

これまで、僕は「橋渡し」のような存在だったのだと思う。トロカデロと日本、バレエとバレエをやったことのない人。僕が橋となって、渡してきたように感じている。

ニューヨークでのショーレストランも橋渡しだ。20年前、ニューヨークに降り立った頃、こんなことは考えてもみなかった。

そして、僕と同じように性別で悩む人にとって僕が何かしらの形で「橋渡し」になりたいと思う。

第二幕がスタート！

　男になりたい。
　ずっとそのことを考えて生きてきた。
　「自分らしく生きる」というけれど、僕は時々「自分らしい」とは何か、わからなかった。
　周囲の目を気にして、自分がブレているのか、ブレていないのかも。それが積み重なりすぎて、自分を見失っていたこともある。
　男になってからも、なお何かを求め続けてきた。
　去年までの僕は「自信」を持つために「次の課題は何だろう？」と探しては努力をする。また次の課題を探すという繰り返しだった。
　いつもいつも外に目を向けて課題を探して、「もっと、もっと」を積み重ねてきた。それはまるで重い鎧を何重にも着ているような気分だった。
　でも、この本を書いたことで、ようやくこの重い鎧を脱ぐことができたように思う。
　自分の生きてきた軌跡を辿ることで、過去の自分と対話しているような気がした。そして、自分のポジションが見えてきて、もう闇雲に何かを求める必要はないと気づいたのだ。

これまで僕は多くの人に支えられて生きてきた。

生まれてからずっと僕を温かく、時に厳しく見守ってくれた母、優しいおばあちゃん、父親のように心配してくれた兄。

この家に生まれたことに、大切な意味があるように思えてならない。

そして、僕のダンサーとしての才能を見出してくれたロッキーさん。素人の僕にバレエを教えてくれたジャン。彼らは僕のダンサーとしての人生のキーパーソンだ。

バレエを教える喜びを教えてくれた生徒達。

みんな僕にいろいろなことを与えてくれた。今、改めて心から感謝の気持ちでいっぱいだ。

これからは僕の番だ。舞台やこの本を通して誰かに何かを与えることができればいいと思っている。

僕の人生の第二幕は上がったばかりだ。

あとがき

「次に生まれ変わったらどっちがいい?」とよく質問された。以前は「男でも女でもいいから、心と身体が同じがいい」と答えていた。最近は自分の生き方がとても気に入っていて、「今と同じもいいな」と思っている。

僕はこれまで、色々なことをやりたいようにやってきただけだと思っていた。けれどこの本を書きながら、結果的に何かを乗り越えていたことに気づいて、自分のことが好きになった。そして書き終えて読み返したら、自分自身が愛おしくてたまらなくなった。

この機会を与えてくれた理論社の池田さん、エディターの桜井さんとの時間もとてもいい時間だった。心から感謝している。

性同一性障害。最近よく耳にするようになった。それもそのはずだ。13人に1人は自分の性に違和感があるようだ。

僕は自分が持ち続けてきた悩みから解放されるため、常に前へ向かって進んできた。悩みのない世界へと早く進みたかったのだ。でも、悩みをそのまま受け入れることができるようになったら、それは悩みではなくなり、

新たな自分の発見にもつながった。そして悩みを受け入れるのは、自分を受け入れることだと気づいた。
　自分を受け入れる。ただそれだけのことなのに、本当に時間がかかった。随分遠回りをしてきたようだけれど、僕にとってはすべて必要だったと思う。むしろ簡単にできなかったからこそ、今があるのだ。
　そう思えるようになったのも、これまでの人生で出会った人たちや様々な経験のおかげだ。

　幼い頃、外で一緒に無邪気に遊び回ったよっちゃんとせーくん。小学校、中学校の同級生や後輩たち。学生時代の青春だ。彼らはすでにあの頃から僕を受け入れてくれていたんだ。
　高校時代のつらい経験。手のひらいっぱいにマメができるほど練習をしたからこそ、この運動神経が養われたのだと思う。
　JAC時代に同じ夢を持つ同期達と出会い、一緒に夢を追いかけたのも良い思い出だ。
　初めて男だけの世界を経験したショーパブ「ナイトアイ」では、やんちゃだったにも関わらず、周囲の人から

可愛がってもらえた。今思えば、男からのシビアな評価も、僕を心配して育てようとしてくれていたのだとわかる。

芸能事務所時代、青年実業家になりたくて背伸びしていた僕を支えてくれた池ちゃん、某大手事務所の社長。彼らのおかげで、普通に生きていたら知らない世界を知ることができた。

ショーパブ「金魚」で、僕にダンサーとしての自信を与えてくれたロッキーさん。僕を認めてくれた素敵なニューハーフのみきさん、ココさん。当時、応援してくれたお客様。

はるな愛ちゃんは、お客さんとして「金魚」のショーを観にきてくれたことがきっかけで知り合った。ニューヨークへ行く時もプレゼントをくれるなど、いつも応援してくれた。

ニューヨークの生活で出会った友人達。一生懸命にバレエを教えてくれたジャン・ミラー氏。

トロカデロで踊るチャンスをくれたディレクターのトリー・ドブリン氏。本物の舞台を教えてくれたメンバー達。

10年ぶりの帰国時、仲良くしてくれて、アドバイスをくれたユウヤさんと今村ねずみさん。
　共にバレエや舞台を作ってくれている仲間達。僕についてきてくれている生徒達。
　僕を産んで育ててくれて、色々なことを黙って一緒に乗り越えてくれた母。そして、母とともに、僕をいつも見守ってくれている兄。
　たくさんの人達の顔が浮かぶ。懐かしすぎて、大切すぎて、感謝と涙が溢れてくる。
　この本を読んでくれた君にもきっと、思い浮かべると涙が出るくらい大切な人がいるだろう。
　そしてこれから、もっとたくさんの人に出会うだろう。出会いを大切にね。これからの経験はいいことも悪いことも、すべて君が幸せに生きるために必要なことなんだ。
　"希望のジャージ"はいつでも、どこにでも君の前にある。
　落ち込んでる場合じゃないよ。さぁ、楽しいことを探しに行こう‼　グッドラック。

2017年7月　名取寛人

3才の時と36才…
笑顔は同じ

名取寛人(なとり・ひろと)

1999年単身N.Y.に留学。バレエをジャン・ミラー氏に師事。『child dream』『not you…nor me』などの舞台に出演。2000年、N.Y.を拠点に世界で活躍するトロカデロ・デ・モンテカルロ・バレエ団に初の日本人ダンサーとして入団。以後7年間にわたり、年間150公演にもおよぶ世界公演で活躍。2006年『パパイヤ鈴木の踊るクラシック』出演。2007年『セブン・サムライズ』、『ダンス・シンフォニー』出演。2013年、今村ねずみ演出による『One summer's day』で小柳ゆきと共演。トロカデロ・デ・モンテカルロ・バレエ団ジャパンツアーに出演。『徹子の部屋』出演。
2011年より、Hiroto's showを立ち上げ、自己表現を模索する傍ら、舞台の演出、プロデュースを手がけ自らの新境地にチャレンジし続けている。
バレエスタジオN ballet arts主宰、講師。

世界をカエル10代からの羅針盤

スカートはかなきゃダメですか?
～ジャージで学校～

著　者	名取寛人
イラスト	マット和子
編集協力	桜井美和
発行者	内田克幸
編　集	池田菜採
発行所	株式会社理論社

〒101-0062　東京都千代田区神田駿河台2-5
電話　営業03-6264-8890　編集03-6264-8891
URL　https://www.rironsha.com

2017年8月初版
2022年4月第5刷発行

ブックデザイン　東 幸男〈east design〉

印刷・製本　中央精版印刷

©2017 Hiroto Natori & Kazuko Matt Printed in Japan
ISBN978-4-652-20223-4 NDC914 四六判 19cm 192p

落丁・乱丁本は送料小社負担にてお取り替え致します。
本書の無断複製（コピー、スキャン、デジタル化等）は著作権法の例外を除き禁じられています。私的利用を目的とする場合でも、代行業者等の第三者に依頼してスキャンやデジタル化することは認められておりません。

愛犬の"ちくわ"